끝나지 않은 청춘의 향기

100세 시대를 살아가는 지혜

끝나지 않은 청춘의 향기

최광식 두 번째 수필집

열린출판

※ 작가의 말

나의 여정 '아름다운 삶을 향한 변화와 성장'

　나는 끊임없이 변화를 추구한다. 이는 청춘의 향기를 잃지 않으면서, 100세 시대의 아름다운 삶을 살아가기 위한 성장을 위해서다. 내가 생각하는 아름다운 삶이란, 건강을 유지하며 살아가는 삶, 함께 부대끼며 살아가는 삶, 나눔과 봉사하며 살아가는 삶, 너그러운 마음을 가지며 살아가는 삶에서 즐거움과 행복의 가치를 찾아가는 것이다.

　이를 위해서 변화가 필요했다. 변화의 주체는 무엇이고, 누구인가? 그 답은 웨스트민스터사원의 대주교 묘비에서 찾을 수 있다.

　"내가 가장 힘이 있을 때, 국가를 변화시키려다 실패했다. 다음은 사회를 변화시키려 했으나 이 또한 실패했다. 마지막으로 가족을 변화시키려고 했으나 뜻대로 되지 않았다. 반대로 내가 먼저 변했다면 어떻게 되었을까? 내가 변했으면 가족이 변했을 것이고, 내가 원하는 사회와 나라로 만들었을 것이다. 그러나 내가 변하지 않았으니, 아무것도 변하지 않았다."라는 취지의 묘비명이다.

1990년대 초, 삼성그룹 전체에 어려움이 찾아왔을 때 그룹 회장은 "살아남기 위해서는 처자식만 빼놓고 다 바꿔야 한다."라고 혁신적인 변화를 강조하였다. 결과적으로 오늘날 삼성그룹이 세계적인 그룹이 될 수 있었던 계기가 되었다.

현대의 신화를 창조한 정주영 회장은 "해 봤어? 해보지도 않고, 왜 안 된다고 하는 거야? 해보고 안 되면, 그때 검토하고 다시 하면 된다."라고 말하면서 부정적인 생각을 바꾸게 했다.

심리학의 대가인 '에릭 번'은 "내가 바뀌지 않으면 상대방과 그 아무것도 절대로 바뀌지 않는다."라고 강조한다.

삶의 변곡점에서 가장 먼저 시도하는 것은 변화하려는 것이다. 정치인, 사업가, 모든 이들이 변화를 끌어내려 발버둥 친다. 그러나 구호에 그칠 뿐 쉽게 이루지 못하면서, 변화의 늪에 빠져 헤어나질 못하고 실패하는 모습을 보곤 한다. 원인은 무엇일까? 변화의 주체를 잘못 생각하지 않았나 싶다. '나는 변하지 않고, 상대를 먼저 변화'시키려고 하였기 때문일 것이다.

  변화의 근본적인 개념은 원래 가지고 있는 '고유의 형태나 성질'을 바꾸는 것이다. '고유의 형태나 성질'은 내가 가지고 있는 특징적인 것이며, 이러한 '고유의 형태나 성질'을 바꾸는 것은 매우 힘들고 뼈를 깎는 고통이 따른다. 그런데도 너무 쉽게 말하면서 접근한다.

  나는 60세에 큰 스승을 만났다. 이 무렵 가치관의 혼란을 겪던 시기로, 인생의 가장 큰 전환점이었으며, 한 분의 인연을 만났고, 그 만남으로 변화하기 시작했다. 20년이 넘은 공직 생활은 우월감에 젖어 있었으며, 이 우월감으로 말미암아 독선적이고, 냉소적이면서, 비타협적인 일상이 계속되고 있었다. 말투는 친밀감보다는 상대방에게 적대감을 느끼게 했고, 그러다 보니 협조와 신뢰를 얻어내기 어려웠을 뿐만 아니라, 하는 일마다 실패의 연속이었다. 몸과 마음은 지쳐가고, 술과 스트레스 탓에 죽을 때까지 가지고 갈 심각한 중병을 선물로 받았다. 건강과 명예, 경제력까지 아무것도 가진 것이 없었을 때 비로소 깨닫게 된 것이다.

  스승을 만나면서 생각과 행동, 생활 습관과 가치관까지 바꾸기 시작했다. 우월감에서 비롯한 독선적이고 비타협적인 행동, 적대감을 가지게 했던 말씨. 냉소적으로 표현되는 부정적인 생각을 몸과 마음에서 드러내면서 변화는 시작되었다.

  먼저 '표정'을 바꾸기로 했다. 웃음 부족으로 불만이 가득해 보인

표정을 바꾸려고, 매일 출근 전 5분 동안 거울 앞에 서서 웃는 연습을 했다. 거울 속의 내 웃는 모습이 너무 우스꽝스러워 배꼽 잡고 웃었다. 내 표정이 바뀌니 상대의 반응도 바뀌기 시작했다.

다음은 말씨에 변화를 주었다. 한 예로 매일 아침 '숙자'라는 아내 이름을 불러주며 인사를 나눴다.

"숙자, 참 좋은 아침, 잘 잤어?"라는 인사말에 어리둥절하며, "이 남자가 갑자기 왜 그래? 뭐, 잘못 먹었어?" 하면서 '참 이상한 사람 다 보겠네'라는 표정을 짓는다. 나는 아랑곳하지 않고 부담스러워할 정도로 매일 반복해서 인사했다. 드디어 아내도 변하기 시작했다. 부부간 대화가 부드러워지고 신뢰도 쌓여갔다. 말씨가 부드러워지니 가족과 대인관계는 호의적으로 바뀌었다.

독선적이고 비타협적인 말씨와 행동, 냉소적이고 부정적인 생각이 어느 순간부터, 상대방을 인정하고, 의견을 존중하며, 긍정적으로 생각하면서 대하니 상대방도 변하며 신뢰하기 시작했다.

냉소적인 성격을 고칠 수 있었던 것은 겸허한 마음가짐이 아니었을까 싶다. '자신을 낮추고, 상대를 높여 주면서 존중해 주는 마음'으로 그들을 이해하고 배려해 주었다.

이처럼 표정과 말씨, 생각을 바꿨을 뿐인데, 가정과 대인관계가 원만해지면서 건강은 회복되었고, 하는 일마다 잘 되었으며, 나의 삶 전체가 변화되어 가고 있었다.

다음의 변화는 홀로서기다. 어느 방송에서 '아내의 말에 충격'을 받은 60대 초반의 남성분이 출연하여 한 말이다. "40년 가까이 직장을 다녔고, 1년 가까이 실업 급여를 받을 때까지는 괜찮았다. 이후 할 일 없이 집에서 빈둥거리며 삼시 세끼 아내가 차려준 밥 먹고 지내고 있었다. 어느 날 아내가 친구와 전화 통화하는 내용을 우연히 듣게 되었다. 매일 같이 '삼식이' 때문에 아무것도 할 수 없어 죽겠어"라는 말에 충격을 받았다는 것이다.

공직에서 퇴직한 중학교 동창생의 이야기다. 퇴직 후 가장 먼저 실행에 옮긴 게 요리학원에 등록한 일이었다. 그 이유는 공직에 있는 아내에게 그동안 생각해 둔 요리를 해주는 것이었고, 두 번째는 스스로 식사를 해결하는 것이었다.

조리사 자격증을 취득하여 출근하는 아내를 위하여 아침을 준비하여 대접하고, 출근시켜 주는 일이 하루의 시작이었다. 오후에는 퇴근 시간에 맞춰 시장을 보고, 요리하고, 퇴근까지 시켜주며 느꼈던 것이 '조그만 변화에서 행복을 찾아가는 중이다. 아내에게 자연스럽게 할 수 있었던 것은, 퇴직 전부터 아내에게 해줄 수 있는 무엇인가와 홀로서기를 생각하고 있었기 때문'이라며, 지금이 가장 행복한 시간이라 말한다. 홀로서기는 매우 중요한 변화라 할 수 있다.

나와 친구의 경우에서 보듯 변화는 미미한 것부터 시작되며, 고정관

념을 버리는 것이다. 또한, 생각을 바꾸고, 말이 아닌 행동으로 옮기는 실천이다. 작은 변화의 물줄기가 모여, 큰 변화의 물줄기가 되어 나에게 돌아오는 것이 변화의 근본이며, 100세 시대를 살아가는 지혜라 할 수 있다. 나이는 들어가도 청춘의 향기는 유지되어야 한다. 영원한 청춘이라면 더 바랄 것도 없지만, 마음가짐에 따라서 달라질 수 있다. 나이는 숫자에 불과하다고 말한다. 하루 중 석양의 저녁노을이 가장 아름다운 모습이며, 오래된 나무에서 더 아름다운 꽃과 열매를 맺는다. 노년의 향기도 청춘의 향기 못지않게 피어오를 수 있다.

100세의 가치는 건강과 일이라 생각하며, 제2의 삶에 자신감을 얻었다. 내가 원하는 아름다운 삶과 너그러운 삶, 즉 '마음 씀씀이를 깊고 넓게 가지며, 아무런 조건 없이 용서하고, 베풀어 주면서, 상대를 포용해 주는 너그러운 마음'으로 살아갈 수 있는 자신감을 잃지 않게 되었다.

변화는 끝이 아니고 새로운 시작이며 여정이다. 아름다운 삶을 위해서는 그 시기는 아직 늦지 않았다고 생각한다. 변화하면서 성장하고, 그로 인해 새로운 삶을 살게 되는 것이다.

❋ 추천사

최광식의 두 번째 수필집
「끝나지 않은 청춘의 향기」

 최광식의 두 번째 수필집, 「끝나지 않은 청춘의 향기」는 우리의 삶의 여정에 새로운 이정표를 제시하는 귀중한 작품입니다. 작가는 '100세 시대를 어떻게 살아야 할까?'라는 질문에 대한 해답을 오아시스와 같은 지혜로 풀어냅니다. 이 책은 5부로 구성된 교과서나 지침서 같은 내용으로, 읽을수록 깊은 맛과 가치를 느끼게 합니다. 각 장의 제목만 보아도 가슴이 저며옵니다.

 저자의 삶을 가까이서 지켜본 평자로서, 이 책이 전하는 진솔한 감정에 깊이 공감합니다. 가식 없이 솔직한 내용은 저자의 품격과 인성을 그대로 반영합니다. 예, 효, 정직, 책임, 존중, 배려, 소통, 협동의 8대 핵심 가치가 책에 녹아있어, 이는 고품격 인성의 본보기라 할 수 있습니다.

군인으로서의 23년간의 생활에서 얻은 희생정신과 애국정신은 독립운동 애국지사 최병현 님의 후손으로서의 자부심을 드러냅니다. 죽을 고비를 넘기며 얻은 교훈과 사례는 마치 한 편의 드라마처럼 소중합니다. 이 책은 뜬구름 잡는 미사여구를 버리고, 실질적인 지혜와 교훈을 제시합니다. 작가가 몸소 실천하여 얻은 지식과 교훈은 100세 시대를 살아가는 우리에게 큰 도움이 될 것입니다.

「끝나지 않은 청춘의 향기」를 통해 독자들이 마음의 변화를 겪고 성장하여, 더 아름다운 삶을 함께 살아가기를 바랍니다.

수필가 최기식

※ 축서화

그림: 지호 홍정녀

차례

- 작가의 말__5
- 추천사__11
- 축서화__13

제1부 시간의 미소, 동행

뭐가 그리 급하냐?__21

23년의 발자취__26

내 몸 살려내기 · 1 - 맨발 걷기 -__31

10분이 가져다준 여유와 우연__36

동창회__42

할아버지 최병현崔炳鉉 선생__47

주는 사람과 1,000시간의 의미__53

향정랜드가 어디야?__58

솜 같은 말이 있고 가시 같은 말이 있다__65

2부 삶의 변화, 건강과 행복을 위한 조건

도전, 드디어 이루어진 꿈__69

자연 질서와 인간의 삶__75

자연으로 돌아가면 병은 쉽게 치유된다__80

섬강 자작나무숲 둘레길 나들이__86

대자연과 호흡하기__91

10종 이상 약 먹는다. 그 하나 이상은 100% 부작용이 있다__96

맨발 걷기 체험일지__100

마음마저 쓸어서 행복하시겠습니다.__106

삶을 아름답게 하는 지혜__111

3부 함께하는 즐거운, 행복

아름다운 빛의 협주곡__117

진심이 담긴 인사는 행복의 시작이다.__121

「마을 리더」의 보람과 행복__126

통장統長의 의미와 보람__133

수필隨筆의 멋과 아름다움__139

백운산 '벚꽃 문학기행'__143

사랑하는 사람 발 씻겨 주기__148

나도 내 인생이 있는데?__154

분수에 넘치는 욕심은 버려야 한다__159

4부 '아름다운 삶' 또 다른 여정

삶은 아름다워야 한다__165

아름다운 저녁노을, 황혼__169

마음의 샘터__174

내 몸 살려내기 · 2 - 내 몸을 살려낸 명약-__179

전원생활과 '니어링 부부' 이야기__186

즐거운 인생을 위한 처방전__192

내가 만난 인연__198

아름다운 황혼을 위하여 - 사랑하는 아내 숙자에게__204

과거는 미래의 거울이다__210

5부 다른 이야기

"봉사는 아름다운 삶을 완성해 가는 과정"__215

병원, 약 없이 평생 건강을 지키는 심신 자기 조절법

　　자율훈련법(Auto genic Training) 실시 방법__219

제1부 시간의 미소, 동행

어머니는 "뭐가 그리 급하냐? 세상일 호락호락하지 않구나. 서둔다고 되지 않는다. 급하면 돌아서 가거라. 한양가는 길이 한 길만 있는 것은 아니다. 잠시 한숨 쉬고 가거라." 하면서 이야기는 계속되었다.

뭐가 그리 급하냐?

"뭐가 그리 급하냐?"

"급하지 않아요. 어머니"

"네 얼굴에 쓰여 있다. 쉬어가면서 해라. 막내야! 일은 서두른다고 다 되는 것은 아니다. 급하게 서두르다 보면 될 일도 그르칠 수 있다. 기다리다 보면 네가 원하는 것이 찾아올 것이다."

우리의 인생사는 어려운 고비를 몇 번씩은 만나게 되는 경우가 있다. 어쩌면 그 과정을 극복해 가면서 인생을 완성해 가는 것이라 할 수 있다. 고비를 만나 어려움을 겪을 때마다 어머니께서 내게 건네준 이 말이 버팀목이 되어 주었고, 나침반 역할을 하였다.

1989년, 경기도 연천군 전곡 ○○사단에 근무할 때다. 2년 가까이 중대장으로 근무하고 있었다. 장교의 근무 규칙은 한 보직에 2년 근무하게 되면, 다른 보직을 찾아야 한다. 이는 진급을 하기 위해서 일정한 경력이 필요했는데 그 과정이라 할 수 있다.

　이미 후임 중대장이 결정되어 자칫 두 명의 중대장이 한 보직에 근무할 처지에 놓였다. 내 보직이 결정되지 않아서, 오도 가도 못하는 상태에 처했으며, 얼른 보직을 찾으려고 급한 마음에 사방팔방 뛰어다니고 있었다. 마음이 복잡한 상황에서 어머니가 다녀가신다는 연락이 왔다. 마음이 편하지 않아 여러 번 거절했지만, 꼭 사는 모습을 보고 싶다고 하여 어머니를 모시게 되었다. 어머니는 글을 모르기 때문에 혼자서는 초행길 여행을 하지 못한다. 집과 가까운 거리는 쉽게 찾아다니지만, 차를 바꿔 타면서 하는 여행은 엄두를 내지 못하는 분이다. 이런 어머니를 모시는 일은 절대 쉽지 않았는데, 이 역할을 아내가 했다. 어머니와 세 살과 네 살 된 아이를 데리고 전곡에서 남원, 남원에서 전곡으로 다니다 보니 드라마 같은 여행길이었다.

　아내는 남원에서 야간열차를 타고, 새벽 서울역에 도착, 의정부, 전곡까지 여정을 1박 2일 동안에 마무리했다. 연로한 어머니와 어린애 둘을 데리고 하는 여행은 낭만이 아닌 고생길이 되었다. 아내에게 마음 빚을 또 하나 지게 되었다.

　어머니는 일주일을 전곡에서 지냈다. 그 기간 나에겐 가타부타 말씀하신 적이 없었고, 대신 내 일과를 꼼꼼하게 확인하고 있었다. 그러나 아내에겐 "이곳에서 사는 네가 고생이 많구나."라는 격려의 말을 해주었다. 이후 어머니는 아내를 이해해 주는 계기가 되었고, 후원자가 되어 주셨다.

전곡은 민통선과 가까운 곳에 있는 전방 지역이었다. 중대장 숙소는 군부대 안에 있었으며, 대대장과 한집을 쓰고 있어서 부담스럽기도 하였고 항시 조심스러웠다.

일과는 훈련으로 시작하여 훈련으로 끝이 났다. 아침 일찍 출근해 밤이 되어서야 퇴근하는 아들을 보며 어머니는 안쓰러워하셨다. 끊임없이 도로를 따라 이동하는 군인과 군용트럭, 굉음을 내며 움직이는 장갑차, 포 사격훈련 모습을 유심히 살펴본 어머니는 포탄이 날아가는 궤적까지 확인한 모양이다. 아침부터 종일 이곳저곳에서 쿵꽝거리는 포 소리에 많이 놀란 것 같았다. 며칠간은 적응하지 못하고 불안한 모습을 보여주었다. 특히 숙소 주변의 많은 군인을 보며, "아가야, 세상에 가장 무서운 것은 사람이다. 아비는 늦게 퇴근하니, 네가 걱정이구나."라며 아내를 걱정해 주었다. 후에 어머니는 이곳에서 겪은 일을 말씀하시곤 했다.

일주일이 지나자, 어머니는 부산에 사는 작은형에게 가고자 했다. 이미 후임 중대장이 부임해 있어서, 잘 되었다 싶어 홀가분하게 일주일 휴가를 받을 수 있었다. 임관 후 처음 받아 본 휴가였고, 어머니와 함께할 수 있었던 시간이 되었다.

어머니와 아내, 두 자녀를 데리고 부산으로 가는 열차를 탔다. 당시 새마을호, 무궁화호, 통일호 열차가 운행되고 있었다. 새마을호는 최상급으로 요금이 만만치 않아 무궁화호 열차를 이용했다. 당시 무궁화호는 서울역에서 부산진역까지 다섯 시간 정도 소요되었던 것으로 기억한다. 12시를 전후한 열차에는 식당 열차가 운용되기도 했다. 우리는 이 무궁화호 식당 열차에 탑승할 수 있는 행운을 얻었다. 기분이 좋아진 어머니는 일반 객실로 가지 않고 네 시간여를 식당 칸에서 술 한잔 나누며, 내게 많은 이야기를 들려주었다.

나도 그렇지만 어머니는 평생 잊지 못한 기차여행이 되었다. 살아생전 한 번 더 기차여행을 하고 싶어 했지만, 기회가 닿지 않아 이루지는 못했다. 눈을 감기 2주 전, 어머니를 찾아뵀을 때 기차여행의 추억을 말씀하시며 아들과의 마지막 이별을 고할 때는 슬픈 마음을 주체할 수 없어 어머니 몰래 눈물을 훔쳐내기도 했었다.

홀가분한 휴가라고 했지만, 마음 편한 여행은 아니었다. 보직이 결정되지 않았기 때문이다. 이러한 나의 모습을 어머니는 훤하게 꿰고 있었다.

"세상일 호락호락하지 않구나. 서두른다고 되지 않는다. 급하면 돌아서 가거라. 한양 가는 길이 한 길만 있는 것은 아니다. 잠시 한숨 쉬고 가거라." 하면서 이야기는 계속되었다.

"한량인 네 아버지와 살면서 속상한 일, 힘들었고, 어려운 고비가 한두 번이 아니었다. 독립운동가였던 할아버지와 함께한 시간은 더 힘들었다. 그러나 기다리며 지내보니 뜻대로 이루어지더라"라며 어려웠던 할아버지와 아버지를 모시며 살았던 이야기를 하기도 했다.

"너는 태어날 때부터 사주팔자가 강해서 열 살을 넘기지 못할 것이다."라는 말에 사주팔자를 바꾸기 위해 호적에 늦게 올린 일부터 시작해서, 이름자에 쇳덩어리를 올려놓았다는 출생 이력을 이야기해 주었다. 호적에 광식鑛植으로 올려져 있으며, 鑛은 쇳덩이 광자다. 이렇게 해서라도 막내아들을 살리려 했던 아버지의 마음과 어머니의 애정을 알 수 있었다. 지금 주민등록에 쓰는 광曠 자는 밝을 광자다.

사십 년 가까이 지났지만, 어머니와 처음이자 마지막인 이날의 기차 여행에서 많은 가르침과 깨우침을 받았으며, 그날을 잊을 수 없다.
어머니의 가르침대로 이후 보직에 대해서 조바심을 내지 않았다. 1개월이 지나자, 원했던 보직으로 결정되었고, 진급의 발판이 되어 주었다.
한때, 어머니의 가르침을 잊어버리고, 공직에서 퇴직하고서, 급하게 사업을 하다가 큰 실패를 한 적이 있었다.
"뭐가 그리도 급하냐? 급할수록 잠시 쉬어가거라" 오늘따라 어머니가 더욱 그리워진다.

23년의 발자취

1981년 6월 20일 육군 보병학교에 기술 행정 장교 8기로 입교했다. 시기적으로 10.26과 12.12를 겪으며 혼돈의 시간을 보낸 시절이었다. 이때 나이가 24세였다. 이미 친구 대부분은 군 복무가 끝났거나 끝나가는 상황으로, 사병으로 입대하기엔 나이가 많아 부담되었다. 또한, 대학 졸업이 되어도 취업할 수 있는 곳이 마땅하지 않았다. 생각 끝에 결정하게 된 군 장교로 복무하는 것이었다. 다행스럽게 3년 의무 복무를 해야 하는 기술 행정 장교 모집이 있어, 지원서를 냈고, 서류전형과 필기시험, 체력 검정, 신원조사 과정을 거쳐 선발되었다. 이로써 장교 기초과정 12주를 받기 위해 보병학교에 입교, 23년의 군 복무를 시작하게 된 것이다.

보병학교에서 군사교육은 새로운 인생의 시작점이 되었다. 군 장교로 근무할 수 있는 자질을 갖추게 해주었고, 처음으로 자긍심도 가질 수 있는 계기가 되었다. 이러한 자긍심은 지금까지 유지하고 있으며, 현재의 나를 지탱해 준 버팀목이 되어 주었다. 기초교육을 수료하고, 병과 초등 전문 군사교육을 받기 위해 경남 진해에 있는 육군 수송학교에 입교, 다시 12주를 교육받았다. 1981년 12월 19일 드디어 소위로 임관하게 되었고, 입관 계급장은 내 영원한 후원자 큰 형님이 달아주었다.

초임 근무지로 대구에 있는 군 운전병을 양성하는 제2수송교육단이었다. 1981년 12월 26일 동기생 4명과 함께 전입 신고하면서 군 생활은 시작되었다. 이곳에서 5년을 근무하면서 가장 중요한 장기 군 복무가 결정되었고, 군 생활에 영향을 준 좋은 인연도 만나 결혼하게 되었다. 장기 복무는 부대장에게 자질을 인정받았으며, 그의 적극적인 설득이 있었기 때문이다. 또한, 3년 군 생활은 매력과 재미가 있었으나 제대 무렵에도 취업은 만만치 않았다. 그리고 이 시기에 결혼은 결정적으로 장기 복무를 결심하게 된 직접적인 동기가 되었다.

아내와 결혼하게 된 재미있는 사연이 있다. 1983년부터 한시적으로 주야 전환 전술훈련이 있었다. 훈련 개념은 주간에 휴식하고, 야간업무로 전환하는 근무로 1주일 동안 계속되었으며, 3개월마다 실시했다. 하루는 야간업무를 마치고, 숙소에서 자고 있는데, 숙소를 관리하는 병사가 사색이 되어 깨우는 것이었다. 비몽사몽간 깨보니 문밖에는 중령 한 분이 서 있었다. 갑작스러운 일이라서 정신이 없었는데, 그런 나를 아랑곳하지 않고, 군 상황실에서 근무하고 있는 우〇〇 중령이라 소개하면서 따라나서라 강요했다. 당시 중위가 보는 중령은 대단하게 높은 계급이었기에 주눅이 들었다. 영문도 모른 채 대충 옷을 입고 따라갔더니, 점심을 하자며 식당으로 데려갔다. 그는 다짜고짜 아내 이름을 대면서 결혼해야 한다고 겁박하는 것이었다. 아닌 밤중에 홍두깨라더니 정신을 차릴 수 없었고, 상황 파악이 되질 않았다. 한참을 얘기하던 그는 아내의 외사촌 오빠라 말하며, 내 답을 들으려고 작정한 것 같았다. 그 분위기를 넘기기 어려워, 한 달 말미를 달라고 했더니 한 달 후에 보자고 한다. 아내와 교제한 지 4개월 정도 되는 시기였다. 그때까지의 만남은 결혼에는 관심이 없었으나 이날 사건이 만남을 진지하게 만들었다. 1984년 11월 17일 교제를 시작한 지 10개월 만에 드디어 결혼했다. 인생 최고의 결정이 되었다.

군 생활 23년, 짧지 않은 세월을 보냈다. 누가 얘기했던가? 젊은 청춘을 군에서 다 바쳤다고. 대구에서 5년, 경남 진해에서 8년, 원주에서 6년이 주 무대가 되었다.

초급 장교 시절 대구에서 근무한 5년은 군 생활 전체에 영향을 주었다. 활력이 넘치고, 패기와 의지는 주위의 많은 도움을 받았다. 소대장,

유격 교관, 작전 장교, 중대장을 거치면서 어려움도 있었지만, 하고 싶은 일은 다 할 수 있었다.

장교로서 근무 태도와 지식, 대인관계 유지 등 기본자질을 갖출 수 있었던 중요한 시기로 전역할 때까지 도움이 되었다. 근무 기간에 능력을 인정받아 장기 복무와 결혼까지 할 수 있는 호사를 누렸다.

1990년을 전후로 한 진해 수송학교 군 교관 근무는 군 생활에서 최고의 절정기를 이루는 화려한 시기였다. 수송학교는 장교와 부사관 교육을 전담하는 곳이다. 장교는 중, 소위를 대상으로 하는 초급 과정, 대위의 고등군사 교육 과정이 있었다. 부사관은 하사를 양성하는 초급 과정, 중·상사의 심화 교육인 중급 과정, 원사 대상 고급 과정이 있었다. 교관으로 역량을 충분하게 펼칠 수 있었던 시기였다.

군 교관 특성상 근무 기간은 4~5년으로 긴 보직이었다. 거기다가 전투발전 업무를 3년 더 수행하고 다른 부대로 전출했다. 한 부대에서 8년 근무는 이례적이라 할 수 있었다. 진해는 바다와 물과 산이 있는 곳이며, 8년간 이곳에서 많은 추억을 쌓았다. 제대 후 둥지를 틀려고 계획했으나, 자녀의 반대로 뜻을 펴지 못했다.

마지막으로 강원 원주 지역을 중심으로 3개 부대에서 6년을 근무했다. 아쉬움이 많은 곳으로 중령 진급을 위해 마지막 청춘을 불사르며 일한 곳이다. 원 없이 성실하게 근무했고, 목표는 이룰 수 없었으나 이 과정에서 열심히 일했기 때문에 후회는 하지 않는다. 그 외 중간중간에 대전, 경기 연천과 남양주에서 4년 근무했었다.

수송병과는 전투부대를 지원하는 많은 전투지원병과 중 하나다. 부대의 기동력을 담보로 적재적소에 전투물자를 실어 나르는 동맥 역할을 하는 부대다. 가장 기억에 남은 훈련으로 중대장 시절 'team spirit (한미 연합 및 합동 야외기동 훈련)'에 참가한 훈련이었다. 1989년, 1990년 2회에 걸쳐 참가했으며, 평택 미군기지에서 제천, 원주 지역에 전개되어 있던 미군 전투부대에 전투물자 근접 지원 임무를 받아 참가한 것이다.

군 생활 23년이란 시기는 내 인생의 중요한 한 축이 되었고, 100세 시대 삶의 기반이 되어 주었다. 1970년대 말 혼란한 시대 상황에서 벗어나기 위해, 10년 후와 20년 후의 모습을 그리며 장기 목표를 세웠다. 그 목표에 군 복무를 마친 과정 이외에 어떤 그것도 없었다. 그러나 장교 생활은 삶의 새로운 이정표가 되어 주었다. 군에서 더 높은 곳에 나아가지는 못했지만, 여기까지가 내 삶에서 23년 군 생활의 몫이었다.

때론 나태해지며, 현실에 안주하려고 했지만, 큰 변화의 물줄기는 피할 수 없었다. 제2, 제3의 삶을 위해서 가치관에 변화를 준 큰 물줄기는 지금의 나를 있게 해주었고, 살아서 하고 싶은 일을 계획하고, 마무리할 예정이다.

내 몸 살려내기·1
- 맨발 걷기 -

　오늘도 천매산 둘레길을 맨발로 걸으며 하루를 시작한다. 새벽 숲속 싱그러운 내음과 산소가 마음을 즐겁게 하고, 이름 모를 산새의 울음소리가 하모니를 이루며 나를 반긴다. 매일 이러한 즐거움이 있어 숲길을 찾게 되었으며, 맨발로 걷는다. 나의 맨발 걷기 사랑은 유별나며, 맨발로 걸으면서 20년이 넘은 지병들이 치유되고 있다.

　내 생에 두 번의 고비가 있었다. 그 고비는 생사를 넘나들 정도로 인생의 변곡점이 되었다.
　첫 번째 좌골 신경통으로 3년 넘게 걷지 못하는 고통스러운 생활을 한 적이 있었다. 1999년 12월 어느 날 아침, 일어서는 순간 오른쪽 다리에 극심한 통증을 느끼며 쓰러졌다. 시간이 지나면 괜찮아지겠지. 기다렸으나 그 이후 증상은 오히려 악화하고 있었다. 퇴행성 추간판 탈출증으로 3~5번째 추간판이 퇴행된 척추질환이었다.

　대부분 지인은 수술하기를 권유했으나 수술을 포기하고, 비수술 방법을 선택했다. 4년 동안 추나요법을 기본으로 하고 침술 치료를 같이 했으나 절대 쉽지 않았다.

　침술 치료에서 길이가 15cm나 되는 대침 5개를 골반과 허리에 꽂고 전기충격을 주는 치료가 있었는데, 지금 생각해도 끔찍한 치료로 일주일에 한 번 3개월을 받은 적이 있었다. 치유만 된다면 어떠한 고통도 참겠다는 심정으로 버텼다. 치유되었다 싶으면 다시 도지기를 반복하고 있었다.

　그러던 중, 한 귀인을 만났고 기적이 찾아왔다. 그분이 진단하기를 다리의 통증은 꼬리뼈가 틀어져 있기 때문이며, 이것을 바로 세워주면 치료가 된다고 했다. 꼬리뼈 세우는 일은 간단하지 않을뿐더러 일주일에 5번 치료를 해도, 6개월이 걸린다고 했다. 그러나 모든 치료는 그분에게 맡기고 서로 신뢰하면서 긴 시간을 같이 보냈다. 4개월이 지난 어느 날, 거꾸로 매달아 놓고 꼬리뼈를 세우는 순간, '뚝' 하는 소리가 들리더니 4년 동안 괴롭히던 허리와 다리의 통증이 사라지며, 시원한 전율을 느낄 수 있었다. 발을 내딛어도 허리와 우측 다리로 내려오던 통증은 사라지고 없었다. 다시 걸을 수 있어서 세상을 다 얻는 기분이었다. 20년이 지난 지금까지 정상인과 같이 생활하고 있으나, 가끔 발생하는 허리통증이라는 꾀병과 같은 말 못 할 고통 속에서 20년을 살아왔다.

두 번째는 2012년 3월 급성 심부전증으로 사경을 헤맸다. 치료는 잘 되었으나 부정맥이 찾아왔으며, 죽을 때까지 약을 먹어야 한다는 판정을 받았다. 담당 의사를 일 년에 한 번 만났으나, 피검사 이외 특별한 검사를 하지 않았는데도 "관리 잘하고 있습니다. 1년 후에 봅시다."라고 말한 다음 처방전을 작성하여 넘기면 끝이다. 끝에 꼭 하는 말 "하루도 약을 먹지 않으면 큰일 날 수 있습니다."라고 겁을 주었다.

맨발 걷기 운동은 2021년 3월 초부터 시작했다. 어느 방송국의 '생로병사의 비밀'이라는 프로그램에서 '맨발 걷기의 기적'을 보도한 적이 있다. 불치의 병을 가진 분들의 치유 과정을 소개하고 이론적인 근거를 제시해 준 내용이었다. 이후 맨발 걷기에 호기심을 갖게 되었으며, 일주일에 3~4번, 30분 전후로 학교 운동장에서 걸었다. 당시 숲속 길을 걷는 것은 엄두를 내지 못했다. 그러다가 결정적으로 '나를 살리는 숲, 숲으로 가자'의 저자 윤동혁 작가를 만나면서 숲길 걷기를 시작했다. 그분의 책을 통해서 숲속의 매력에 빠지게 되었다. 지금은 숲속 길을 맨발로 걷는 즐거움에 흠뻑 젖어 지내고 있다.

나이 들어, 한 번 망가진 몸은 정상으로 회복되기란 불가능한 일이다. 60 중반을 넘어 70을 바라보는 나이에서는 더욱 그렇다. 욕심부리지 않고 더 아프지 않은 현재의 몸 상태만이라도 유지하고 싶어 절실하게 맨발 걷기를 즐기고 있다.

우리나라 맨발 걷기 최고의 권위를 가진 박동창 교수의 저서 『맨발 걷기의 기적』과 『맨발로 걸어라』라는 책에서 맨발 걷기의 효과를 '접지 및 지압 효과'라고 강조하고 있다. 현대의학이나 한의학에서 '병의 근원을 혈액순환 장애에서 시작된다.'라고 규정하며 치료하고 있다. 이 주장을 근거하여 접지 및 지압 효과는 혈액순환을 도와 우리 몸의 면역력을 높여 줌으로써 병이 치유된다는 임상적인 이론을 제시하고 있다.

나는 일을 시작하면 신뢰하고 꾸준하게 실천하는 고집이 있다. 자신을 믿고, 상대방을 신뢰하고, 끝날 때까지 중단이 없다. 맨발 걷기도 마찬가지다. 2021년 4월부터 매일 3시간 남짓 맨발 걷기 운동을 하고 있다. 이렇게 하다 보니 몸에 여러 가지 변화가 일어나고 있음을 느끼기 시작했다. 1개월이 지나며, 수년 동안 고생했던 등 뒤의 통증이 완전히 사라졌고, 3개월이 지나면서 20여 년을 괴롭혔던 허리통증도 사라지고 있었다.

1년이 지난 2022년 6월부터 현재까지 심장부정맥과 관련된 약물 복용을 중단하고 지내고 있다. 약을 끊을 수 있는 근거로 맨발 걷기 전에는 달릴 때 숨이 차올라 100m도 뛸 수 없었는데, 3개월이 지나면서 1km를 달려도 숨 차오름이 현저히 떨어져 전혀 느끼지 않을 정도였다.

또 다른 이유는 단식하면서 10일 동안 약을 끊은 적이 있었다. "하루도 약을 먹지 않으면 큰일 날 수 있습니다."라는 약사의 경고에도 그런 일은 전혀 일어나지 않았다. 이 때문에 약물을 담당 의사의 동의 없이 중단할 수 있었다. 앞으로 어떤 일이 일어날지 모르겠지만, 더는 약물이 필요 없다는 것을 믿고 있으며, 모든 약물에서 벗어날 수 있다고 확신하고 있다. 지금은 처방 약이나 그 흔한 건강보조식품까지도 먹지 않고 있으며, 모든 약물로부터 해방되어 가고 있다.

맨발 걷기 운동이 일반화되면서 많은 정보가 넘쳐나고 있다. 대부분 작가가 쓰고 싶은 대로 관점이 다른 주관적인 내용이 대부분이다. 그리고 맨발 걷기는 만병이 치유된다고 말하곤 한다. 독자에게 뭔가 자극적으로 전달하고자 하는 내용도 있고 과장된 표현도 많다.

60대 한 여성분은 3년을 걷고 있는데 "신발을 신으면 답답하다"라며 "맨발 걷기는 마약입니다"라고 말한다. 나도 이 말에는 동감한다. 맨발 걷기의 임상적인 효과보다는 몸으로 직접 체험해서 이룬 효과를 경험하고 있기 때문이다.

오늘도 변함없이 단구 공원 둘레길을 맨발로 걷는다. 만나는 사람마다 나를 '맨발의 청춘, 맨발의 아저씨'라 부른다.

10분이 가져다준 여유와 우연

 코로나19의 악령이 걷혀가고 있다. 대 유행이 지나며 느리기는 하지만, 일상적인 모습으로 돌아오고 있어서 천만다행이다. 그동안 하지 못했던 일들이 봇물 터지듯 일어나는 것도 확인할 수 있다. 미루고 미뤄 두었던 결혼식의 경우가 그중 하나다. 일주일에 2건 이상은 보통이다. 내 경우도 마찬가지로 마흔이 가까워져 온 아들 결혼식을 올리지 못하며 차일피일 미뤄지고 있다.

 이번 주에도 서울에서 두 건의 결혼식이 있었다. 토요일에는 초등학교 동창의 아들이, 일요일은 군 동기의 딸 결혼식이다. 두 곳 모두 참석해야 할 곳으로 연이틀 서울을 다녀오게 되었다.

 일요일 군 동기의 딸 결혼식이 서울 명동에 있는 한 예식장에서 오전 11시에 계획되어 있어, 참석하기 위해 8시 20분 고속버스를 예약해

두었다. 서울에 갈 때는 거의 대중교통을 이용한다. 목적지가 어디냐에 따라서 열차 아니면 버스를 선택적으로 이용하곤 했다. 명동 결혼식장까지 가는 길을 여러모로 검토해 보니, 열차보다는 버스를 이용한 것이 시간상으로 여유가 있었다.

강남고속버스터미널에서 명동역까지 경로를 검색해 보니, 3호선 타고 충무로역에서 4호선으로 갈아타 명동역까지 가는 경로가 가장 빨랐으며, 20여 분이 소요되었다. 여러 번 검토를 마치고 고속버스를 예약했다. 버스를 이용할 때 항시 염두에 둬야 할 것은 고속도로 교통상황이다. 최소한 1시간 정도는 여유 있게 예약해야 낭패를 보지 않는다.

명동은 나에게 설렘을 주는 곳으로 항시 동경의 장소였지만, 가본 기억은 없다. 전 세계에 널리 알려진 서울의 대표적인 관광명소로, 그 유명한 지역을 거닐며 분위기를 느껴본 적이 없어서인지 마음속 신비의 영역으로 남아 있는 곳이다. 결혼식을 빌미로 명동에 일찍 도착하여 신비의 땅을 잠시나마 걸으며 분위기를 느끼고 싶었다.

8시쯤 원주고속버스터미널에 도착해서 8시 20분 버스를 기다리고 있었다. 이때 앞차의 검표원이 자리가 한 석 남았으니 먼저 갈 의향이 있으면 승차하라고 한다. 10분은 상황에 따라 여유를 즐길 수 있는 충분한 시간이다. 검표원에게 표를 건넸더니 다행하게도 같은 우등고속버스라 가능하다고 해서 8시 10분 버스에 승차했다.

10분이란 마음의 여유가 있어서인지 피곤이 몰려왔고, 버스가 출발하기도 전에 잠에 떨어졌다. 잠시 잤다고 생각했는데, 눈을 뜨고 시계를 보니 9시 40분, 강남고속버스터미널 입구였다. "어, 벌써 도착했어?" 반신반의 정신을 차리고 있으려니 기사분이 도착을 알리며 내리라고 한다. 승객이 다 내리기를 기다려 마지막으로 내려서 지하철역으로 갔다.

　지하철을 타면서 항시 느끼는 것은 복잡하다는 것이다. 특히 강남고속버스터미널의 경우 3개의 노선이 있고, 복합 상가가 미로처럼 연결되어 혼잡하기가 이루 말할 수 없다. 지하철 이용이 익숙하지 않은 나로선 정신을 집중하지 않으면, 길을 잃을 수도 있는 상황이라 긴장되곤 했다.

　이정표를 따라서 3호선을 찾아 오금행 방면으로 가는 지하철을 기다렸다. 10분쯤 지나니 지하철이 들어오고 있었다. 일요일 아침이라서 객차는 그리 복잡하지 않았다. 15분 정도 이동을 해야 해서 앉아가려고 자리를 찾았으나 헛수고였다. 그냥 서서 가자고 단념하고 서 있으니 바로 앞에 앉아 있던 승객이 이번 정차역에서 내리려고 일어나기에 그 자리에 앉았다. 고개를 드는 순간 그 승객이 눈에 들어왔고 어디서 본 듯한 모습이었다. 순간적으로 "야! 유 선생" 하며 친구 이름을 부르며 아는 체했다.

　"어, 너 광식이 아니냐? 네가 이 시간에 서울은 웬일이야." 깜짝 놀라며 물어온다. 서로가 순간적으로 일어난 일이라서 정신이 없었다. "응, 11시 명동에 군 동기 여식의 결혼식이 있어 갈아타려고 충무로역으로 가는 중이다."라고 말했더니, "어? 이 열차 양재역 쪽으로 가고 있는데, 잘못 탔어." 하는 것이다. "뭐라고? 충무로역으로 가는 것이 아니고?" 다시 노선을 살펴보니 교대역에서 정차하고 있었고, 길은 반대 방향이었다. 당황하면서 같이 교대역에서 내렸다. 2분 동안 일어난 일이다.

유 선생은 초등학교 동창인 친한 친구로 안부도 제대로 나누지 못하고 헤어졌다. 아쉬움을 뒤로하고 잠시 후 반대 방향의 지하철에 탑승했다. 자리를 잡고 앉아 있으려니 생각이 복잡해진다. 뭔가 홀린 듯하다. 분명하게 두 번을 확인하고 충무로역 행을 탔는데 반대 방향이라니? '벌써 혼동을 일으킬 정도로 인지능력이 떨어진 것일까? 아직 그럴 나이는 아닌데? 지하철역이 아무리 혼잡해도 잘못 탄 적은 한 번도 없었는데?' 별의별 생각이 다 든다.

혹시나 해서 지하철을 이용하려고 메모해 둔 메모지를 확인해 보니 오이도 방면과 오금행 방면을 착각한 것이다. 충무로역에서 오이도행을 탑승해야 하는 것을, 오금행으로 잘못 알고 탑승한 것이다. 그러면 그렇지? 자조自嘲 섞인 말로 잘못을 인정했다.

이런 일은 60대 중반을 넘어서면서 피할 수 없는 일이 아닐까? 생각해 본다. 지금 사회적 분위기는 60이 넘어도 청춘이라 생각하고 나이

듦을 인정하지 않으며, 아직도 젊었다는 호기豪氣를 부리는 경우를 자주 대한다. 그러나 멋지게 인정해야 하며 앞에 닥칠지도 모를 더 큰 사고를 예방할 수 있을 것이다.

두 번째는 원주에서 10분 먼저 타게 한 것은 이와 같은 일이 일어날 것을 대비해서 그렇게 한 것 같다. 그렇지 않았다면 낭패를 볼 상황이었다. 또 한편으로는 10분을 늦게 탔더라면 이러한 우연은 없었을지도 모른다. 생각할수록 쓴웃음이 났으며, 명동의 분위기를 느껴보려는 호사는 사라져 버렸다.

세 번째 우연偶然과 필연必然이었다. 친구는 작년 교직에서 퇴직하여 지금은 문해교육과 같은 봉사활동을 하며 지내고 있다. 같은 카페를 이용하며 활발하게 정보교류를 하며 연緣을 이어오고 있다. 최근 며칠 동안 카페를 방문하지 않아 근황을 궁금해하던 터인 데다가, 원주에서 출발하기 직전에는 유 선생을 잠시 생각하기도 했었다. 그런데 그런 친구를 이렇게 만나다니, 오늘의 만남은 '우연일까?' '아니면 필연일까?'

이날 친구를 만날 확률은 애초에 없었을 것이다. 8시 20분 버스만 탔어도 우리는 만나질 못했다. 10분이란 시간이 모든 일을 바꿔 놓았다. 우리가 만날 확률이 영에서 구백오십만분의 일로 변했다. 더 좁혀서 이 시간에 3호선 지하철을 이용한 분이 천오백여 명으로 천오백분의 일이 되었고, 다시 좁혀서 그 객차를 탔던 인원이 오십여 명이니

오십 분의 일이 되었다. 확률적으로 보면 대단한 우연이다.

이날 10분이 가져다준 것은 우연이 아닌 필연이었는지도 모른다.

오후 늦게 친구에게서 전화가 왔다. 아침에 있었던 일들을 기억하며 꿈이 아닌가 싶어, 볼을 꼬집어 보기도 하며 확인했단다. 이어서 하는 말 "우리, 꿈을 꾸었던 게 아니지?"

동창회

    2024년, 초등학교 졸업을 1971년 2월에 했으니, 54년이 흘러 지났다. 작년에 이어서 올해에도 동기동창 모임을 했다. 말 그대로 '58 개띠' 동창 모임이다. 우리가 다닌 학교가 주천남국민학교로 3회 졸업생이다. 3학년까지 주촌국민학교에 다녔지만, 4학년 때 분교가 되었다. 지금은 초등학교라 불리지만, 익숙해서 그런지 국민학교가 더 어울린다. 졸업 인원이 62명으로, 남학생 25명, 여학생 37명이다. 올해 동창회에는 42명이란 많은 인원이 참석했다.

    이미 하늘나라에 가 있는 친구도 있다. 이런저런 이유로 20명의 모습은 보이지 않았다. 아쉬움과 서글픈 생각마저 드는 안타까운 마음 어쩔 수 없었다. 동창회장의 열정적인 활동으로 잊고 지냈던 동창까지 참여했다. 동심의 해 맑은 모습은 보이지 않았지만, 60대 후반의 중후

한 모습은 산전수전 다 겪어낸 인생의 아름다운 참모습이 아닐 수 없다.

동기동창회는 중학교, 고등학교, 대학교, 군 동기 모임이 있다. 6년을 같이 한 동기 모임처럼 끈끈하고, 정겹고, 스스럼없는 순수한 모임은 없는 것 같다. 중학교, 고등학교, 대학교 모임은 참석한 기억이 없다. 그들을 잊고 지낸 지 오래되었다. 다만 중학교 동창 4명이 원주에 거주하고 있어 한 달에 한 번 만나고 있는데, 엄밀히 말하면 동창회라 할 수는 없다. 성인이 되어 형성된 군 동기생 모임은 임관 주년을 기념하고자 매년 만나고 있다.

올해 모임 장소는 섬진강 압록에 위치한 순주 친구의 별장에서 있었다. 작년에 이어 두 번째다. 친구가 큰맘 먹고 자리를 내었기 때문이다. 조금은 공간이 좁아 보이기는 했지만, 놀 수 있는 최적의 장소가 되어 주었다.

동창들의 열정은 지금까지 흘러오면서 대단한 모습을 보여줬다. 60명이 넘은 학생이 6년간 한 반을 이루며 졸업한 이유도 있었지만, 10대와 20대 초반까지 삼삼오오 짝을 지어서 모임을 하곤 했다. 이러다 보니 자연스럽게 순수한 마음으로 끈끈한 연결고리가 되어 내려오고 있다. 그 놀이터의 주 무대가 '도치골'이라 부르는 재두가 살던 집과 '외양골'이라 부르는 내가 살던 집이었다. 한 번 모인 인원은 대략 20

여 명으로 넓지 않은 방에서 밤새워 노래 부르며, 뛰어노는 게 다반사였다. 지금 분위기라면 문제 청소년으로 낙인이 찍힐 만큼 상상하기 힘들 정도로 자유분방했다. 그렇게 놀아도 어르신들은 나무라지 않고 이해해 주었다. 순수하게 뛰어놀던 아이들은 보통 사람으로 성장하여 사회의 일원이 되어 주축을 이루며 살고 있다.

    모임은 총무의 헌신적인 노력과 희생으로 더욱 빛이 났다. 40명이 넘는 인원을 한 방향으로 갈 수 있도록 심혈을 기울여 계획하고 준비해 주었다. 그 대가로 훌륭한 동창 모임이 될 수 있었으며, 누구 하나 소홀함 없이 배려를 아끼지 않았다. 남원과 전주에 사는 친구들이 더 고생하는 자체가 당연시하는 분위기가 되었다. 그도 그럴 것이 자청해서 준비하고 있기 때문이었다. 누구 하나 불평하거나 싫다는 내색도 하지 않아 깨복쟁이 친구인가 보다. 식당에서 매식하는 모임이 아니라 직접 요리해서 먹다 보니 가깝게 사는 친구들이 수고를 더 많이 해주었다. 총무의 일사불란한 지휘로 업무 분담하여 무리가 없이 진행되었다.

    나도 업무를 자청해서 분담받았다. 작년 동창회를 마무리했을 때 "내년, 동창 모임이 이루어지면 요리 세 가지를 내놓겠다"라고 자진해서 공언한 적이 있었다. 이 말을 총무가 기억하고 있다가, 요리할 거냐고 물어왔다. 사실 준비가 되지 않아 처음에는 거절했다가 "올해에는 남자 위주로 음식을 준비하자."라는 총무의 말에, 주방장을 자청하면서 허락하게 되었다. 주방장을 하겠다고 나서니 관임이 친구가 보조해 주겠다고 자청해 주니, 더욱 신이 나 고맙다는 인사로 대신했다.

친구들에게 음식을 만들어 함께 나누는 버킷 리스트가 있다. 가까운 곳 친구를 1년에 한두 번 초대하여 음식을 나누는 계획으로, 올해가 첫 기회가 되었고, 그 가능성을 확인하는 시험대가 되었다.

해물 짜장밥, 오징어와 돼지고기 채소볶음, 훈제 오리에 양배추와 양파를 넣고 볶은 세 가지 요리를 준비했다. 그러나 해물 짜장밥을 만드는 데 제한이 있어서 양해를 구하고 두 가지만 하기로 했다. 아내에게 계획을 말했더니 핀잔만 들었다. 그 많은 양의 요리는 어떻게 할 것이며, 맛에 대한 불만을 어떻게 감당할 거냐고 우려를 한 것이다. 맛이 중요한 것이 아닌, 설령 맛이 없더라도 요리하는 그 자체가 중요한 것으로 생각한다.

친구에게 음식을 만들어 주기 위한 조건으로 한식과 양식 조리사 자격을 취득하기도 했다. 원하는 요리는 틀에 얽매이지 않고, 생각한 대로 만드는 게 재미가 있다. 이번에도 생각한 대로 창의적인 작품을 만들어 내놓게 되었다.

60대 후반에서 동창 모임은 신선한 충격으로 다가온다. 회갑은 다시 시작하는 나이다. 그렇다면 우리의 나이는 7살이 된다. 정말 해맑고 순수한 동심이다. 어깨가 결리고, 허리가 아프고, 관절이 좋지 않은 나이다. 세월이 지나면 지날수록 이러한 현상은 더할 것이지만, 모일 수만 있다면 더 자주 만나는 것도 좋은 일이라 생각해 본다.

  나이가 들어갈수록 인생의 아름다움은 더해간다. 초심의 동창 모임을 계기로 건강한 친구들 모습으로 거듭나는 계기가 될 수 있도록 기원한다. '58 개띠' 화이팅!

할아버지 최병현崔炳鉉 선생

 2024년 3월 1일은 기묘년(1919년 3월 1일) 독립 만세운동이 일어난 지 105주년이 되는 해이다. 독립유공자 후손 자격으로 원주시에서 주관하는 105주년 3.1절 기념행사에 광복회 회원과 함께 참석했다. 매년 참석하는 행사지만, 올해는 더 의미가 있는 자리였다. 새삼 할아버지의 공덕이 빛이 되는 자리가 되었다. 할아버지께서 저술한 '동학사東學史와 순교약력殉教略歷'이 '2023년 세계 유네스코 기록문화 유산'에 등록되었기 때문이다.

 할아버지는 기미년 전북 남원지역에서 독립 만세운동을 주도적으로 계획하고 추진하신 분으로 징역 3년을 선고받아 복역하신 '애국지사 독립운동가'였다. 복역 이후에는 1920년대부터 '천주교 남원 교구장 종리원사宗理院史'가 되어 '동학사東學史와 순교약력殉教略歷'을 집필하는

데 매진하였다. 또한, 군자금을 모아 상해 임시정부에 송금하는 역할을 담당하셨다.

독립운동가 최병현 선생은 전북 남원에서 1888년에 태어나 1951년에 돌아가셨다. 유년 시절에 한학자가 되기 위해 한학에 심취하여 공부에 매진하기도 했다. 그러나 구한말 어지러운 시대 상황을 경험하시면서 뜻한 바가 있어 공부를 포기하고, 한 몸을 항일 투쟁에 바치기로 하고 천도교에 입문 활동하게 되었다. 당시 나이 20세였다. 어지러운 구한말 시대 상황에서는 사회 계몽 활동에, 일제 강점기에는 일반 국민에게 민족 자주정신과 항일 독립 정신을 불어 넣는 데 앞장섰으며, 일생을 독립운동과 광복에 몸 바치신 분이다.

당시 천도교 남원 교구장과 함께 기미년 독립 만세운동을 주도하였다. 1919년 2월, 서울에서 독립 만세운동을 계획하고 있다는 사실을 인지하게 되었다. 이 사실을 알게 된 선생은 스스로 남원과 인근 지방에 연락 책임자가 되기로 했다. 따라서 남원을 중심으로 순창, 장수, 무주, 진안, 광주, 대전, 청주까지 비밀리에 움직이면서 서울에서 거사가 진행되면 전국 동시에 만세운동이 일어날 수 있도록 준비하고 있었다.

1919년 3월 2일 '독립선언서'를 확인하였고, 천도교 남원 교구장에게 "이 독립선언서를 남원 군내 곳곳에 게시하여 군민에게 독립선언의 내용을 알리도록 합시다."라고 보고하였다. 스스로 게시 책임자가 되어 그날 밤, 광주지방법원 남원지청 게시판에 먼저 게시한 후, 남원 각 면사무소 게시판에 게시하고 돌아왔으나, 남원 교구장은 이미 일본 헌병에 체포된 뒤였다. 실질적인 책임자가 체포되어 공황 상태에 빠지기도 했으나, 선생은 이에 굴하지 않고 최초 계획대로 활동을 계속하였다. 이때는 이미 전국적으로 독립 만세운동이 불꽃처럼 일어나고 있을 때였다.

선생은 남원의 만세운동을 3월 23일로 잡고, 천도교 교인을 중심으로 계획하였으며, 지방 유림과 접촉하여 같이 합세하기로 했다. 3월 23일 남원 향교에서 군중 300여 명이 참석하여 독립선언식이 열렸다. 그러나 사전에 일본군에게 알려지면서 무자비하게 해산되어 1차 만세운동은 실패로 돌아갔다. 이 만세운동의 주동자로 선생으로 인지한 일본군은 끊임없는 방해와 감시를 받았다. 이에 굴하지 않고 일본군과 경찰의 감시를 피해 가며, 천도교 교인을 중심으로 2차 만세운동을 준비하고 있었다.

2차 만세운동은 천도교 교인과 기독교 교인, 유림, 남원 덕과면과 사매면민이 합세하여, 4월 4일 남원 장날에 거사하기로 합의하였다. 4월 4일 오후 2시 남원에서는 '북 시장'과 '광한루원 광장' 두 군데서 동시에 만세운동이 일어났다. '북 시장' 군중은 덕과면과 사매면 면민, 장꾼, 시민이 중심이 되었고, '광한루원 광장'은 선생을 중심으로 한 천도교 교인, 기독교인, 유림, 시민이 중심이 되었다. 대규모로 일어난 만세운동에 당황한 일본군과 경찰은 해산하는 과정에서 무차별 사격으로 많은 사상자를 내고 만세운동은 끝이 났다.

1, 2차 만세운동의 주동자가 선생임을 안 일본군과 경찰은 선생을 체포하려고 혈안이 되었다. 이에 굴하지 않고 전라도와 충청도 각 지역을 돌아다니며, 천도교 교인과 연락을 취하며 독립운동을 계속하였다. 그러나 얼마 지나지 않아 일본군에 체포되어 남원 헌병구치소에 구금되면서 모진 고문과 심문을 당했으나, 의연하게 견디었다. 당시 재판의 판결문은 "최병현은 남원 사람의 인심을 동요시켜 치안을 방해했다"라는 죄목으로 징역 3년 형을 선고받아, 1919년 4월~1921년 10월까지 복역하였다.

복역을 마친 선생은 '천주교 남원 교구장 종리원사宗理院史'가 되면서, 항일 투쟁의 방향과 방법에 변화를 주면서 독립운동의 새로운 전기를 마련하였다. 먼저 항일운동의 시작점인 동학 혁명사를 기록하여 민중에게 알리는 계몽 활동을 시작하였다. 그리고 천도교 포교 활동을 하며 인내천과 선민사상 고취에 앞장섰다.

가장 중요한 업적인 '동학사東學史와 순교약력殉教略歷'의 저술은 1922년부터 시작하여 1925년까지 4년간 정리하여 완성하였다.

'종리원사宗理院史 부附 동학사東學史'는 1924년 9월 당시 천도교 남원

군 종리원 주임 종리원사인 최병현이 남원지역을 중심으로 일어난 호남지역의 동학 혁명사를 기록한 책이다. 전문에는 1861년부터 1924년까지의 기록으로, 동학의 창시자인 수운 최제우가 남원 은적암에서 수행한 사실과 동학 교단의 역사가 기록되어 있다. 부록에는 '동학사'란 제목으로 1894년 동학혁명의 전개 과정과 당시 전라좌도와 남원지역의 전투 상황, 동학혁명 이후 동학의 재건 과정을 기록하고 있다.

끝부분에는 1908년~1924년까지 남원 종리원 임원 직책과 명단, 남원군 면 단위 종리원 임원의 직책과 명단, 운봉과 구례교구의 역사와 임원 명단을 정리하였다. 기록을 보면 혁명 당시 혁명군과 가장 치열한 전투를 벌인 민보군民堡軍의 잔혹한 실상을 알아볼 수 있다. 민보군民堡軍이란 양반과 유림으로 구성한 군대 조직으로 일본군보다 더 심하게 혁명군을 탄압하였다. 이 기록은 동학농민혁명 이후 남원지역을 중심으로 동학 교단의 활동과 인물에 관한 유일한 책이다.

'순교약력殉教略歷'은 1923년에 천주교 남원 교구장 종리원사 최병현이 저술한 책이다. 이 기록은 동학농민혁명 과정에서 순직하거나 처형된 남원 출신 동학군 41명, 혁명 이후 동학 교단 내에서 활약하다가 순직한 47명의 간략한 전기다. 주목할 내용은 갑오년(1894년) 동학농민혁명 당시 순직한 지도자급 인물의 기록으로, 접주의 출생 및 거주지, 동학 입교 시기, 연원, 지위와 활동 내용, 체포 과정이 상세히 기록 정리되어 있다.

이와 같은 내용으로 남원 동학 지도자의 활동을 소개한 '순교 약력 殉敎略歷'은 동학농민혁명 당시 지도자의 인물과 활동, 그들의 성분을 밝히는 데 중요한 역사 자료가 되었다. 또한, 한 지역에서 동학농민혁명이 확산하는 경로, 뿌리를 내려가는 양상, 혁명을 전후한 향촌 사회의 동향을 확인할 수 있다. '순교 약력 殉敎略歷'은 '종리원사宗理院史 부附 동학사東學史'와 함께 동학농민혁명 사를 연구하는 데 중요한 역사적 사료이며 현재 '전라북도 중요문화재'로 등재, 보관되어 있다.

선생은 강점기 기간 내내 일본 군경의 중요 감시 대상자로 핍박과 고통을 받았다. 그러나 핍박을 받을수록 더욱 굳건하게 종교 지도자로 활약하면서, 시민 계몽 활동과 인내천, 선민사상 고취에 앞장서신 분이시다.

당시 천도교 교주는 각 교구에 국내외 독립활동가를 도우라는 비밀 지시를 내렸다. 선생은 천도교 교구장으로 임무를 충실하게 수행했으며, 교구마다 할당된 군자금과 특별성금을 모아 국내외 독립활동가에 지원하는 등 광복을 위한 항일 투쟁은 계속되었다.

이처럼 선생은 숨을 거둘 때까지 조국 광복과 대한민국 건국에 헌신하신 분이다. 후손인, 나는 훌륭한 할아버지의 뜻을 이어받아 긍지를 가지며, 쌓아 놓은 업적에 누가 되지 않도록 최선을 다할 것을 다짐한다.

주는 사람과 1,000시간의 의미

『기브 앤 테이크(give and take)』의 저자 애덤 그랜트는 인간의 행동을 3가지 유형으로 분류하고 있다. 주는 사람(giver)과 받는 사람(taker), 중개자(matcher)가 그것이다. 각각의 유형은 그들의 행동 방식과 다른 사람들과의 상호작용 방식을 통해 설명된다.

주는 사람(giver)은 타인의 이익을 먼저 생각하며, 이들에게 도움을 주는 것을 우선시한다. 타인 돕기, 조언하기, 공적 나누기, 남을 위해 인간관계 맺기, 타인의 이익을 위한 행동에 맞춰 행동한다. 대표적인 인물이 '테레사 수녀', '마하트마 간디'가 여기에 포함된다. 자신이 들이는 노력이나 비용보다 타인의 이익이 더 클 때 남을 돕는다. 심지어 노력이나 비용을 아까워하지 않고 아무런 대가도 바라지 않은 채 시간, 노력, 지식, 기술, 아이디어, 인간관계를 총동원해 누군가를 도와주려고 하는 사람이다.

반대로 받는 사람(taker)은 자신의 이익을 최우선으로 생각한다. 이 유형의 특징은 자신이 준 것보다 더 많이 받기를 원한다. 이들은 상호관계를 입맛에 맞게 왜곡하고, 다른 사람에게 꼭 필요한 것이 아닌, 자신의 이익을 우선시한다. 다시 말하면 남에게 도움을 주는 것도 도와준 이상의 이익이 돌아올 때만 선택적으로 도와준다. 세상을 '먼저 잡아먹지 않으면 잡아 먹히는' 치열한 전투장으로 보고 있으며, 성공하려면 남들보다 더 뛰어나야 한다고 생각한다. 이런 까닭에 자기 능력을 보여주기 위해 스스로 노력하고, 그에 따른 대가를 많이 얻으려고 한다.

마지막 유형이 중개자(matcher)로 손해와 이익의 균형을 이루려고 노력한다. 공평함을 원칙으로 삼는 중개자는 남을 도울 때 상부상조를 내세워 자기 이익을 보호하려 노력한다. 자신이 받는 만큼 되돌려 준다는 원리를 믿고 있으면서 인간관계를, 호의를 주고받는 관계라 생각하고 있다.

주는 것과 받는 것, 균형을 이루는 것은 사회생활에 기본적으로 필요한 세 가지 행동이라 할 수 있다. 하지만 주는 사람(giver)과 받는 사람(taker)의 구별이 쉽지 않아 혼동하는 때도 있다는 것이다.

2023년 강원 특별자치도 자원봉사 1,000시간 이상자에 수여된 '은

장'을 수상하였다. 개인적으로 영광스러운 가치라 생각한다. 한편으로는 주는 사람이었는지, 아니면 받는 사람이었는지 되돌아보는 계기가 되었다. 수년 동안 어르신 말벗 지원, 재가 도시락 배달, 무료 급식소에서 어르신 상담과 배식 지원 등을 하면서 쌓아온 시간이다. 이처럼 나의 손길이 필요한 여러 분야에서 자원봉사를 한 결과물이라 할 수 있다.

나는 주는 사람(giver)이 되고자 나름대로 노력해 왔다. 이것은 2012년 생사를 넘나들면서 '생명을 돌려준다면 나머지 생은 남을 위해서 도움을 주겠다.'라고 다짐하면서다. 통신대학교에 편입하여 가정 복지학을 전공하면서, 전문적인 봉사의 길로 들어서게 되었다.

봉사의 첫걸음은 2010년 '사랑나눔짜장'이라는 무료 급식소와 인연을 맺으면서 시작되었다. 한 자원봉사자가 운영하는 식당으로 홀로 사는 어르신, 기초생활보장 수급자, 장애인을 대상으로 무료로 점심을 지원해 주는 곳이다. 내가 보람을 가질 수 있었던 일은 이곳에서 어르신 말벗을 해주는 것이었다. 이곳을 찾는 분은 한 끼니를 해결하기 위하여 오신 분도 있지만, 외로워서 오신 분도 있다. 하루 몇 분만이라도 대화할 수 있는 친구가 필요한 분이 많았다. 그 대화를 내가 대신해 주었다. 15년 동안 다녀간 많은 얼굴이 보이지 않았고, 새로운 얼굴이 보이기를 반복하고 있어 안타까운 마음 그지없다.

다음은 밥상공동체 종합복지관에서 '마을 리더'로 활동하고 있다.

지역에 거주하면서 복지 사각지대에 놓여 있는 분들을 발굴하여 보살펴 주는 일을 하고 있다. 직접 집에 방문하거나 전화로 안부를 확인하고 말벗이 되어 주는 것이다. 그동안 세 분과 인연을 맺었으며, 그중 한 분은 유명을 달리하기도 했다. 외롭지 않고 편안하게 돌아가실 수 있도록 최선을 다해 주었다. 한 분은 지금까지도 말벗을 해주고 있으며, 또 한 분은 스스로 도움을 끝낸 분이다.

두 사례와 같이 외로운 어르신의 말벗이 되어 활동하면서 나 자신에게도 치유와 위안이 되는 시간이었으며, 행복한 시간이 되어 주었다.

또한, 1365 봉사 시간에 잡히지는 않지만, 2024년부터 법무부 원주보호관찰소 민간인 보호관찰 위원으로 위촉되어 보호관찰 대상자 두 명을 지도해 주고 있다.

그 밖에도 원주시 단구동 통장이 되어 지역 주민을 도와주는 일, 원주시 자율방제단원 활동, 아침 초등학교 주변 교통안전요원 활동, 도시락 배달 등 다양한 곳에서 보상 없는 자원봉사를 하고 있다. 이렇게 해서 쌓은 시간이 1,000시간이 넘었다. 2024년에는 1,500시간을 눈 앞에 두고 있으며, 또 다른 1,000시간을 향하여 주는 사람이 되려고 노력하고 있다.

명심보감 존심편에 '施恩勿求報, 與人勿追悔(시은물구보, 여인물추회)'라는 말이 있다. '은혜를 베풀었으면 받기를 바라지 않아야 하며, 남에게 은혜를 베풀었으면 후회하지 않아야 한다.'라는 의미로 애덤 그랜트가 말하는 순수한 주는 사람을 말한다.

 남에게 은혜를 베푸는 것은 쉬운 일은 아니라 생각한다. 희생이 따라야 가능하다. 그러나 희생과 어려움은 있어도 즐거움이 있으며, 아름답고 행복을 느낀다. 하늘이 주는 이치를 따르면 이익을 원하지 않아도 돌아오게 되어 있다. 받기를 원하며 욕심을 부리면, 아무리 이익을 취하려 해도 손해를 보게 된다. 세상의 이치가 아니겠는가?

향정랜드가 어디야?

"향정랜드에 다녀온 기념으로 원 선생님 기행문 써 보시지요?"라고 원주로 돌아오는 차 안에서 한 회원에게 권했다. 그러자 그 회원 "그런데, 향정랜드가 어디야?" 썰렁한 답변에 함께 탄 총무는 밤새 곡하고 나서 누가 죽은 거냐고 묻는 격이라며 "우리가 점심 먹은 곳이지요."라고 거들었다. 순간 모두가 한바탕 배꼽 잡으며 웃어댔다.

2023년 글샘 야유회가 정지용 문학관과 육영수 여사 생가를 견학하는 문학기행으로 결정되어 10월 28일 회원 14명이 다녀왔다.

얼마 전까지만 해도 한여름이었는데 하루가 다르게 가을의 모습으로 변하고 있다. 짙은 녹색 나무들이 소리소문없이 울긋불긋한 단풍으로 변하고 있다. 아직은 단풍이 제대로 물들지 않았고 아침부터 짙은 안개로 창밖 풍경을 제대로 감상할 수 없는 아쉬움은 있었으나 안개 사이로 드문드문 보이는 단풍에 위안 삼았다.

  회원 14명은 차량 3대에 나눠 타고 아침 7시, 원주 중앙 시립도서관에서 출발했으며, 그중 한 대는 내가 운전하게 되었다. 정지용 문학관까지 가는 여정에 작은 문제가 생겨 처음부터 일이 꼬이게 되었다. 동충주 IC에 들어가 대소분기점을 거쳐 충북 옥천으로 가는 이 길은 평소 고향을 방문할 때마다 자주 이용하는 터라 낯설지 않았다. 문제는 동충주 IC를 지나면서 내비게이션의 안내를 잘못 들어 평택 방향이 아닌 제천 방향으로 진입한 것이다. 순간 잘못되었다는 생각에 당황했지만, 익숙한 길이라 긴장하면서도 나름대로 대비하고 있었다. 제천으로 진입하게 된 또 다른 이유는, 지금까지 정지용 문학관이 어디에 있는지 몰랐고, 사전 확인하지 않아 가는 길을 알지 못했다. 솔직하게 잘못을 인정하고 제천분기점에서 되돌아가기로 하였고, 결과적으로 44km를 더 이동하다 보니 다른 일행보다 목적지에 40여 분 늦게 도착했다. 동충주 IC를 지날 즈음 다른 일행으로부터 오창휴게소에 도착했다는 연락을 받았다. 이왕 늦은 김에 천등산 휴게소에 들러 단풍 구경이나 하고 할까, 생각했으나 먹을거리와 간식이 이 차에 다 실려있어 그럴 수 없었다. 마음은 급했지만, 정지용 문학관에서 만나기로 하고, 금왕휴게소에서 20여 분 동안 간단한 요기와 휴식 후 옥천을 향해서 출발했다.

정지용은 시인이며, 한국전쟁 당시에 월북했다는 사실 이외 알고 있는 것이 별로 없었다. 문학관과 생가 방문이 계기가 되어 많은 것을 이해할 수 있었다. 좌우 이념 대립이 절정에 다다른 시절 피해를 본 한 예가 아닐까? 월북이니 납북이니 갑론을박으로 지금까지도 저평가된 분이다. 해설가의 설명으로 새로이 알게 된 것은 우리나라 현대시의 선구자로 천재적인 시인이었다는 것이다. 1940년대 사회주의 작가와 어울렸다는 이유 하나로 월북했을 거라는 막연한 추측이 천재 시인을 우리 세대에서 사라지게 된 배경이 아닌가 싶다. 다행스럽게 시인의 행적이 하나둘 증언을 통해 밝혀지면서 월북이 아닌 납북되었다는 사실이 알려지게 되어 1990년대 복권되었다. 하지만 불행하게도 납북되어 끌려가다가 포격을 당해 사망한 불우한 천재 시인이었다.

복권 이후 고향인 충북 옥천을 중심으로 기념 사업이 활발하게 이루어지면서 그의 생가와 문학관이 자리 잡고 있다. 다소 초라함에 실망했지만, 이만큼 해 놓은 것만으로도 천재 시인을 기릴 수 있어 다행스러운 일이다. 현재 후배 문학인들의 노력으로 천재 시인을 기리는 여러 가지 문화행사가 다양하게 이루어지고 있어서 문학인의 한 사람으로 자긍심을 가져본다. 옥천 시내에는 그의 시 제목인 '향수'를 인용한 향수 거리가 만들어져 있었으며, 실개천에는 시인을 기리기 위한 시비가 전시되어 있었다.

넓은 벌 동쪽 끝으로/ 옛이야기 지절대는 실개천이 휘돌아 나가고,
얼룩박이 황소가/ 해 질 무렵 금빛 게으른 울음을 우는 곳,
그곳이 차마 꿈엔들 잊힐 리야.
(생략)

라고 시작되는 향수와 실개천은 시인의 대표작이며 자주 인용된 글귀다.

나는 잠시 일행과 떨어져 향수 거리를 거닐었고, 실개천에 전시되어 있던 시비를 감상하며 시인의 삶을 거슬려 보았다. 시간을 잊은 채 감상에 젖어 있다가 한 회원의 전화에 정신을 차려보니 이미 회원들은 육영수 여사의 생가에 도착해 있었다. 얼마나 열중했던지 방향감각을 잃고 잠시 헤매다 뒤처져 있던 한 회원을 만나 육영수 여사의 생가로 향했다. 생가는 문학관에서 500여 미터 떨어진 곳에 있다. 이동하면서 '옥천군에는 보물과 같은 자산을 가지고 있구나'라고 생각하면서 발걸음을 옮겼다.

육영수 여사의 생가는 오밀조밀한 규모일 것이라는 예상을 깨고, 큰 규모를 보면서 놀라움을 금할 수 없었다. 우리나라 발자취를 남긴 분들의 면면을 보면 태어나서, 자라며 지내온 곳은 대부분 규모가 크지 않았고, 어린 시절 부유하게 자란 분이 거의 없었기 때문이다. 여러 가지 생각을 뒤로하고, 기다리던 회원들과 만나 생가를 배경으로 먼저 기념사진부터 찍었다. 해설사의 안내로 경내 곳곳을 둘러보면서 여사

의 성장 과정과 생애 전반에 걸쳐서 이해하고 공감하는 시간을 가졌다. 우리 현대사를 뒤돌아보면 영부인으로서 국민의 많은 사랑과 존경을 받았던 분 중에 한 분이 육영수 여사가 아닐까? 어려운 상황에서 더는 국민을 굶기지 않겠다는 대통령의 국정철학을 잘 보필하신 분으로 알려져 있다. 훌륭한 내조는 대통령이 그린 그림대로 산업보국의 산업화 초석을 다질 수 있었으며, 지금의 세계 10대 경제 대국으로 발돋움하지 않았나 생각해 보았다. 부유한 가정에서 태어나 많은 형제자매와 함께 생활하면서 겸손의 지혜를 배우고, 더불어 살아가는 모습이 몸에 배어있지 않았을까? 그런 모습들이 개인적으로 그분을 존경하는 이유가 되었다.

'금강산도 식후경'이라 했다. 아무리 아름다운 경치도 배가 불러야 제대로 즐길 수 있다는 의미다. 여행 중 최고의 재미는 바로 먹는 즐거움이 아닐까? 이번 문학기행에서도 먹는 재미가 빠질 수 없었다. 일반 식당에서였다면 이번 여행은 그저 평범하게 끝났을지도 모른다. 그러나 우리는 특별한 장소, '향정랜드'에서 회원들과 함께 점심을 즐겼다. 이 순간은 그야말로 최고였다.

'향정랜드'는 총무 오빠가 퇴직 후 여생을 즐기기 위해 작은 규모로 부부의 이름을 따서 조성해 놓은 아름다운 농장이다. 오밀조밀하게 가꿔놓은 농장은 주인장의 심성을 가늠케 했다. 200여 평쯤 되는 공간은 말 그대로 없을 것 빼놓고 다 있었다.

　어느새 잔디밭에는 식탁이 놓이기 시작했고, 그 많은 음식은 언제 준비했는지 상다리가 부러질 정도였다. 늦은 점심이라 허기진 상태로 눈과 코를 자극하고 있어 당장이라도 한 점 집어 먹고 싶었지만, 참고 참았다. 대신 가리비와 삼겹살을 구워 상에 내놓았다. 어디 가나 먹는데 눈치 보지 않는 나, 숯불구이의 경우 맛을 제대로 보기 위해서 굽는 몫은 내 차지가 되는 경우가 많았다. 구우면서 한 점 한 점 먹는 재미가 쏠쏠하며 즐기다 보니 어느새 뱃속은 빵빵하게 채워지고 있다. 가리비는 해안가에서 바닷바람 맞으며 찜으로 먹는 맛이 일품이며 소소한 멋이지만, 내륙 한가운데서 숯불에 구워 먹는 맛과 멋에 완전히 매료되었다. 가리비 절반은 내가 먹지 않았을까 싶다. 숯불에 구운 고구마는 식후 간식으로 별미였다. 배가 부르면서도 고구마 들어갈 자리는 있었는지 모두 좋아했다.

　야외식탁을 정리하고 잠시나마 여흥까지 즐기면서 추억에 남는 오찬은 마무리되었다. 주인장의 세심한 배려로 회원들이 아무 불편 없이 한나절 즐겁게 보낼 수 있었다. 얼굴은 뵙지 못했지만, 웃음을 가득 머금은 너그러운 모습이 물씬 풍기며 다가오고 있었다. 한편으로 총무의 지혜와 헌신이 없었다면 이렇게 재미있고 유익한 문학기행이 되지 못했을 것이다. 덕분에 마음껏 즐기며, 많은 것을 배우게 된 여행이었다.

같이 한 회원에게 감사드리며 이번 여행을 통해서 더 단합되고, 한 단계 더 높이 날아오른 '원주글샘'이 되는 계기가 되어 주었다.

┃마음을 맑게 하는 지혜 · 1 ┃

솜 같은 말이 있고 가시 같은 말이 있다.

[원문] 利人之言 煖如綿絮, 傷人之語 利如荊棘.
　　　이인지언　　난여면서　　상인지어　　이여형극

　　　一言半句 重値千金, 一語傷人 痛如刀割
　　　일언반구　중치천금　일어상인　통여도할

[한자 뜻풀이] 煖 따뜻할 난, 綿 이어질 면, 絮 솜 서, 荊棘 가시나무의 가시, 痛 아플 통, 割 나눌 할

[해설] 사람을 이롭게 하는 말은 솜처럼 따뜻하고, 사람을 해치는 말은 가시나무의 가시처럼 날카롭다. 한마디 말의 값어치가 천금 같고, 잘못한 말 한마디에 인생이 바뀐다.

말은 말 한 사람의 신뢰와 인격이다. 우리 속담에 "말 한마

디에 천 냥 빚을 갚는다"라는 격언이 있다.

경솔한 말은 그 사람의 모든 일을 경솔하게 만들 뿐만 아니라, 천박淺薄하게 만들어 버린다. 그것은 한 인간의 신뢰와도 관련이 있다. 따라서 한마디의 경솔한 말은 한 사람의 신뢰와 품격品格을 천 길 낭떠러지로 떨어뜨린다. 신뢰와 품격이 떨어지면 그 사람의 진심마저 의심받게 된다. 신중하지 못한 한마디의 말이 한 사람을 완전히 망쳐 놓게 된다. 말하기 전 생각하고, 한 번 더 생각하고, 또 생각한 후에 말해야 한다. 그래야 경솔한 말이 되지 않는다. 생각은 마음속에 있으며, 아무리 생각해도 밖으로 나가지 못한다. 말은 마음을 비치는 거울이다. 진정으로 말은 삼가고, 신중해야 한다. 아무 생각 없이 던진 한마디가 사람의 운명을 바꾼다는 것을 알아야 한다.

요즈음 정치인의 말을 들어보면 과연 정치인이 맞는가? 의심이 들 정도다. 정치인의 말은 부드러워야 하고, 멋있어야 한다. 또 품격이 있어야 한다. 그러나 현실은 어떤가? 그 사람들의 말은 생각 없이 비이성적으로 내뱉는 말과 같다. 이치에 닿지 않는 천박한 말 한마디로 자기만족을 하는 것 같아 안타까울 뿐이다. '오바마 미국 대통령의 아름답고 품격 있는 말을 기억하는가?'

2부 삶의 변화, 건강과 행복을 위한 조건

건강한 삶을 위해 육체의 환경을 바꿔주듯 마음의 환경도 바꿔보면 어떨까? 어두운 환경에서 햇볕처럼 밝고 따뜻한 마음, 흙같이 부드러운 마음, 신선한 공기같이 생기가 넘치는 마음으로 돌려놓으면 유전자는 태초의 모습으로 돌아와 병은 쉽게 치유될 수 있을 것이다.

도전, 드디어 이루어진 꿈

2023년 10월 3일, 날씨가 고르지 못하고 구름이 잔뜩 끼어있어 우중충하다. 기온도 높지 않아 조금은 쌀쌀하게 느낄 정도였다. 오늘이 치악산 비로봉을 맨발로 오르기로 계획한 날이다. 날씨 핑계를 대고 싶지 않았다. 이미 여러 차례 차일피일 미루면서 오늘까지 왔기 때문이다. 오늘 오르지 못하면 2023년에는 오를 기회가 오지 않을 것 같아서, 좋지 않은 날씨이지만 결심을 실행에 옮겼다.

'치악산 맨발 등정 계획'은 2021년 3월 어느 날 아침, 공원 둘레길에서 맨발 걷기를 하고 계신 한 지인을 만나면서부터다. 이 무렵이 맨발 걷기 운동을 시작하여 재미를 붙이고, 거의 매일 여성 가족 공원 둘레길을 걷던 시기여서 궁금하기도 하고, 반갑기도 했다. 통성명과 인사

후, 궁금했던 여러 가지 내용에 관해서 이야기를 나눴다. 그는 맨발 걷기 운동을 시작한 지 6년째라 했다. 그리고 작년에는 맨발로 치악산 등정을 했다고 한다. 그 말에 반신반의하며 존경심을 전하고, 도전의 의지를 불태우게 되었다. 언젠가는 나도 '맨발로 치악산 등정을 해야지'라는 목표를 세우고, 꿈을 이루기 위한 도전이 시작되었다. 그때 만났던 지인은 나의 멘토가 되어 있다.

아내에게는 가까운 곳에 있는 "단구 공원에 맨발 걷기를 하고 오겠다"라는 말을 남기고 집에서 출발했다. 아내에게 거짓말을 해야 할 이유가 있었다. '비로봉 맨발 등정'에 몇 번이나 아내의 반대가 있었기 때문이다.

먼저 등정 코스를 정했다. 20여 회 비로봉에 갔다 온 경험으로 최단 코스인 황골 국립공원 입구에서 비로봉에 이르는 가장 짧은 코스를 선택했다. 거리는 짧지만 가장 험한 왕복 12km인 코스다. 그러나 나에겐 가장 익숙한 길이라서 등산로를 결정하는 데 도움이 되었다.

비로봉 등정길은 순탄하지 않았다. 황골 치악산국립공원 관리소 주차장에 주차하고, 필요한 물건을 배낭에 챙겨 넣었다. 잠시 고민에 빠졌다. '신발을 어떻게 할까? 배낭에 넣을까? 아니면 차에 두고 갈까? 혹시 모를 사고에 대비하여 배낭에 넣고 가야겠지? 아니야 극한 상황이 되면 신발을 신게 되겠지, 그렇게 되면 아무런 의미가 없어지는 거야?' 고민은 잠깐이었으며, 곧 타협했다. 국립공원 입구에서 입석사에 이르는 2km는 시멘트 포장길이며, 맨발로 걷기에는 어려움이 있다. 따라서 입석사까지 신발을 신고 걷는 다음, 신발은 절 경내에 맡겨두고 산에 오르는 것으로 결정했다.

오전 8시 관리소에서 출발했다. 입석사에서 한 관계자를 만나 상황을 설명하고 신발을 맡겼다. 그분이 하는 말 "미쳤냐, 어떻게 맨발로 올라갈 거냐? 그냥 오르기도 힘든 길인데"라는 말로 만류하는 것이었다. 또다시 갈등이 시작되었다. '어떻게 하지? 그냥 포기할까?' 마음이 약해져 잠시나마 고민에 빠졌다. '지금 오르지 않으면 두 번 다시 기회는 오지 않을 거야'라고 약해진 마음을 다잡았다. 시작이 반이라 했으니, 이미 절반은 이룬 것이라고 최면을 걸었다.

처음부터 돌부리에 치이고, 미끄러지고 발바닥의 고통이 이만저만이 아니다. "악" 비명이 절로 나온다. 그래도 발바닥은 아무런 이상이 없다고 신호를 보낸다. 다행이다. 어떻게 보면 운동이 아닌 고행길이었다. '예수님께서도 광야를 49일 동안 맨발로 걸었다고 하셨지! 이것에 비하면 아무것도 아니다.'라며 신념화하면서 참고 참으면서 걸었다.

휴일이라 많은 사람이 산에 오르내리고 있었다. '참 이상한 사람이네?'라는 시선도 받았으나, 많은 분의 격려를 받았다. 격려받을 때마다 힘이 솟았다. 새색시 걸음같이 조심조심 서두르지 않고 천천히 올랐다. 서두르면 서두를수록 사고로 이어지기 때문이다. 입석사에서 황골 쉼터까지는 600m 거리로 경사도가 60~70% 정도 되며, 숨은 턱까지 차오르고 발바닥의 고통은 계속되었다. 30분 넘는 악전고투 끝에 가장 어렵다는 길, 황골 쉼터에 오르면서 한고비를 넘길 수 있었다.

우리나라 유명한 산 중에 '악' 자가 들어간 산이 많이 있다. 험하기로 이름난 산으로 등산을 좋아하신 분들이 즐겨 찾는 곳으로, 치악산도 그중 하나다.

황골 쉼터를 지나면 처음보다는 쉽다고 느낄 수 있지만, 여전히 어렵다. 날씨도 도와주질 않았다. 비로봉에 가까워질수록 기온은 차가웠고 바람도 심하게 불었다. 다행히도 바람막이 겉옷을 입고 있어서 체온은 급격하게 떨어지지 않았다. 산에 오른 여러분의 격려에 힘입어 3시간의 사투 끝에 비로봉에 무사히 도착했다.

이 환희를, 감동을, 수시로 몰려오는 행복함을 어떻게 표현해야 할지? 기쁨에 눈물까지 나왔다. 발바닥의 아픔도 잠시지만 느낄 수 없었다. 그렇게 염원하던 '비로봉 맨발 등정'을 이룬 것이다. 2023년 이루고 싶었던 일 중에 가장 잘했고, 가장 보람을 느꼈으며, 행복한 순간이었다.

기쁨도 잠시 20여 분 동안 머물다가 내려오기 시작했다. 더 머물고 싶었지만, 바람이 강하게 불어 체온이 떨어지고 발도 시리고 해서, 오래 머물지 못하고 일찍 산에서 내려왔다. 등산은 오를 때도 힘들지만

　　내려올 때가 더 힘이 든다. 걱정이 앞선다. 오를 때보다 더 조심하면서 걸었다. 입석사까지 2시간 넘게 걸려서 무사히 도착할 수 있었다. 절 경내에서 아침에 뵙던 그분께서 "괜찮으세요? 정말 대단하십니다. 아무 일 없어서 다행입니다."라고 말했다.

　　힘든 과정은 모두 잊어버렸다. 또 다른 꿈을 꾸고 있다. 다른 '치악산 종주 맨발 등정'을 계획하고 있다. 나에게 도전은 삶의 의미다. 처음 맨발 걷기 운동을 시작할 때부터다. 끊임없는 도전은 계속될 것이다. 2024년에도 소박한 도전으로, '치악산 종주 맨발 등정'을 실천하며 한 해를 마무리할 예정이다.

자연 질서와 인간의 삶

　1년은 24절기다. 일력日曆이 없었던 시절부터 지금까지, 해의 흐름에 따라서 24절기로 구분해 사용해 오고 있다. 농경사회에서 농사와 생활의 중요한 기준이었다. 절기는 1년을 24개의 구간으로 나눈 것으로, 각 구간은 자연 현상과 농작물의 생장 주기에 맞춰 정해졌다. 이러한 절기는 농부들이 계절의 변화를 예측하고 농사일을 계획하는 데 큰 도움이 되었다. 이 변화에 따라 인류의 삶은 맞춰져 발전하고 있다. 사계절 흐름은 한 치의 오차도 없이 반복되고 있으며, 우리에게 다가와 자연의 질서를 유지해 주고 있다. 이와 같은 질서는 자연계를 지배하며 인간의 삶에 변화를 주고 있다. 인류의 문명이 시작되면서 인간은 자연의 변화에 적응하며 끊임없이 발전해 오고 있다.

꽃이 피고 지는 순서를 보면 더 경이롭다. 지구의 온난화로 기온이 올라 꽃 피는 시기에 많은 변화가 찾아왔다. 그러나 다행하게도 꽃피는 순서는 변화하지 않았으며, 봄, 여름, 가을에 피는 꽃이 각각 다르다는 것도 알 수 있다.

나는 지리산을 끼고 흐르는 섬진강 주변에서 태어나고 자라왔다. '내가 살던 고향은 꽃피는 산골, 복숭아꽃 살구꽃 아기 진달래, 울긋불긋 꽃 대궐 차린 동네(중략)'의 분위기가 풍기는 그곳이다.

섬진강을 따라 꽃이 피는 순서는 거의 일정하다. 2월 중순이면 전남 광양에서 매화가 피기 시작한다. 3월 초에 이르면 전남 구례의 산수유가 피면서 섬진강을 노랗게 물들인다. 그 사이 산에서는 진달래가, 집 주변과 양지바른 언덕배기에는 노랗게 개나리가, 크고 작은 정원의 목련도 백 목련, 자목련 순으로 피고 진다.

삼월 중순이 지나면서 살구꽃이 먼저 피며, 일주일 시차를 두고 벚꽃이 핀다. 살구꽃과 벚꽃은 피는 시기와 꽃 모양, 색이 거의 비슷하여, 자세히 보지 않으면 구별이 어려울 정도다. 살구나무는 많지 않아 별 관심이 없지만, 벚꽃은 그렇지 않아 봄을 지배하는 꽃이 되어 있다.

전국 어느 곳에 가도 벚꽃의 아름다움을 즐길 수 있게 되었다. 경남 진해에서 시작된 벚꽃 축제는 하동과 구례, 곡성 등 섬진강을 따라 올라오는 백오십 리 벚꽃길이 그 절정을 이루고 있다.

사월 중순에 이르면 과실수인 연분홍 복숭아꽃, 하얀 배꽃과 사과꽃

순으로 피고 지며, 여름꽃으로 넘어간다.

대표적인 초 여름꽃이 아카시아꽃이다. 오월을 전후해서 피는 아카시아꽃 향기에 전국이 중독되는 듯하다. 이어서 피는 장미는 꽃의 여왕이라 불리며, 화려한 장미의 계절이 시작된다. 아울러 각종 들꽃과 야생화가 산야를 수 놓으면서, 여름의 푸르름을 더해주며 아름다운 강산으로 바꿔주고 있다. 입추가 다가오면서 코스모스가 피고, 가을 국화가 아름다움을 더해준다.

주변에서 꽃이 피고 지는 순서를 보면, 자연의 질서는 참으로 경이롭다는 생각이 든다. 저 잘났다고 앞서 피지 않고 순서를 기다리고 있다. 지구의 온난화 영향으로 피는 시기에 다소 변화가 왔지만, 순서는 변하지 않고 유지하고 있다는 것이 인간에게 주는 축복이라 할 수 있다.

우리가 사는 지구는 계절의 구분이 명확하고, 계절마다 다른 삶을 살아갈 수 있게 모두 내주는 곳이다. 만약 꽃이 피고 지는 순서가 바뀌게 된다면 지구에 대재앙이 올 수도 있고, 종말이 될 수도 있다는 것을 생각하지 않을 수 없다. 인간의 삶은 자연 질서와 함께하기 때문이다.

21세기 들어서 지구의 재앙을 경험하기도 했다. 다행스럽게 인류의 멸망으로 가지는 않았다. 그러나 멸망으로 갈 수 있다고 강하게 경고해 주고 있음을 알아야 한다.

코로나19 바이러스의 대유행이 그것이다. 지구 곳곳을 헤집고 다니며 인류에게 큰 시련을 안겨 주었을 뿐만 아니라, 상상을 초월할 정도로 피해를 가져다주었다.

2019년 초, 중국의 어느 한 곳에서 시작한 코로나19 바이러스는 순식간에 전 지구상으로 번지며, 인류에 악몽과 같은 벌을 내려준 것이다. 삼 년 동안 지속되며, 엄청난 인명과 경제적으로 피해를 가져왔다. 이러한 피해로 사회질서는 혼란으로 빠져들었고, 인간관계도 서로를 믿지 못할 정도로 인류의 삶은 피폐해졌다.

국가 간 이동이 통제되고, 그러다 보니 산업생산이 마비되며, 국가 간 질서가 강대국 위주로 재편되기도 했다. 피해 정도를 하나하나 열거할 수 없을 정도로 인류에게 깊은 상처와 교훈을 남겼으며, 환경의 소중함을 일깨워 주기 시작했다.

'잃은 것이 있으면, 얻은 것도 있는 게 자연의 섭리이자 질서가 아니겠는가?'라는 생각도 하게 된다. 삼 년 동안 지속한 이 같은 상황은 다행스럽게도 자연환경이 복원되고, 가족의 소중함을 알 수 있게 해주었으며, 사회의 모습이 친환경적으로 변화되고 있는 것을 확인할 수 있는 시간이 되었다.

코로나19 대유행 전후로 몸으로 느낄 수 있는 대기의 질, 즉 미세먼지가 눈에 띄게 줄었다. 우리나라를 기준으로 중국의 공장 가동이 줄어들면서 대기오염 발생 물질이 줄었고, 우리나라로 유입되는 오염물

질도 줄어들었기 때문이라 생각한다.

지구 온난화의 주요 원인이 상층부 오존층이 얇아지면서 생긴 현상이라고 말한다. 대유행 삼 년이 지나면서 오존층 두께는 복원되고 있으며, 온난화 속도는 늦춰지고 있다는 사실이다. 지구는 스스로 회복할 수 있는 자정 능력을 갖추고 있다. 문제는 스스로 복원할 수 있는 능력이 파괴되는 속도보다 느리다는 데 있다.

코로나19의 대유행은 인류에게 교훈과 숙제를 동시에 남겨 놓았다. 자연의 질서가 파괴되면 인류의 삶에 어떤 영향을 주는지 분명하게 보여주었다. 우리 세대에 먼 후손이 사용할 자원까지 낭비하지는 않는지?

자원 낭비는 결국 지구 온난화로 이어질 수 있다. 지구 온난화는 인류의 삶뿐만 아니라, 지구상의 살아있는 생명체에 영향을 주어 최종적으로 멸망에 이를 수 있다는 사실이다.

우리가 사는 지구 별이 바로 지상 낙원이다. 계절의 변화에 따라 꽃은 피고 지고, 일정한 질서를 유지하며 인류의 삶은 이에 동행하고 있다. 이 질서가 무너지면 지상 낙원도 사라진다. 인류가 지구상의 한 개체로 살아남기 위해서는 더 이상의 자원 낭비는 없어야 하고 보존해야 한다. 이것이 자연의 질서를 유지하게 해주는 것이 아닐까?

자연으로 돌아가면 병은 쉽게 치유된다

서양의학의 선구자인 히포크라테스는 "모든 병의 치유는 의사에서 나오는 게 아니고 자연(nature)에서 나온다. 따라서 의사는 열린 마음으로 자연(nature)에서 출발하라"라고 가르치고 있다. 여기서 자연(nature)이란, 천지 우주의 물리적인 자연을 뜻하지만, '사람의 천성, 곧 하늘의 마음'이라는 뜻도 포함한다. 삶의 자세가 자연의 기본으로 돌아가면, 병 대부분은 쉽게 낫는다고 말하는 학자가 늘어나는 추세다.

인류 문명사에서 병이 없었던 시기가 있었다고 한다. 수렵 채집의 시기로 당시에는 전염병, 고혈압, 당뇨, 비만, 암과 같은 만성 난치병은 거의 발생하지 않았다. 인류는 기본적으로 맨발로 흙을 밟고, 햇볕을 쬐면서 자연 친화적인 생활을 하며 살아왔다. 먹을거리는 주로 흙에서 나는 식물이었고, 과로와 긴장, 스트레스는 받지 않는 생활이었을 것이다. 이러한 환경은 유전자의 손상이나 변질은 일어나지 않아 병으로 진행되지 않았고, 주어진 자연 수명을 다했을 것으로 본다.

인간은 집단생활을 시작하면서 각종 동물과 함께 생활하게 되었다. 그러다 보니 동물에 기생하는 벼룩, 진드기, 세균, 바이러스 등이 사람으로 옮겨와 병원균이 되기도 했다. 21세기 들어서 공포의 전염병이라 불리는 코로나, 사스, 에볼라, 메르스 등의 바이러스는 박쥐, 돼지, 낙타 같은 동물에게 기생하다 사람에게 감염된 인수人獸 공통 병원체라 할 수 있다.

산업 혁명기 이후 생활 환경은 콘크리트 공간에 갇혀 햇볕이나 흙과는 멀어지고 있으며, 식생활 대부분도 자연과 멀어져 가고 있다. 문명이 발전하면서 사람의 마음과 정신은 빠르게 변화하는 환경에 쉽게 적응하지 못하는 것 같다. 결과적으로 자연과 조화를 이루지 못하고 정신적으로 중심을 잃고 방황하면서 '분노, 두려움, 절망' 속에서 살아가는 사람이 많아졌다.

조화를 이루지 못한 삶은 유전자 손상과 변질을 가져왔으며, 이러한 요인은 온갖 질병과 문명병으로 진행되어 심각하게 우리의 삶을 파괴하는 실정이다. 따라서 현대 질병에서 벗어나려면 변질한 유전자가 회복되도록 도움을 주는 것으로, 우리의 살아가는 모습을 자연 질서에 따라 실천한다면 충분히 치유할 수 있으리라 본다.

　콩을 햇볕과 공기가 통하지 않는 곳, 흙이 없는 어두운 곳에 두면 부패한다. 그러나 부패한 콩을 햇볕에 쬐어주고, 신선한 공기를 통해주고, 땅에 놓아두면 싹이 트고 줄기가 자라 꽃과 열매를 맺게 된다. 사람의 생명도 같은 이치라 생각한다. 어떤 병을 가진 환자라도 맨발로 흙을 밟게 하고, 신선한 공기와 햇볕을 쬐어주고, 흙에서 자란 식물을 먹으며, 깊은 호흡을 생활화하면 콩이 살아나듯이 사람도 살아날 것이다.

　암, 당뇨병, 고혈압과 같은 난치병 환자에게 약물 처방을 하지 않고 운동과 자연식, 마음 다스리기 등으로 면역력을 회복시켜 자연치유가 될 수 있도록 처방하는 내과 전문의 전홍준 박사가 있다. 이분은 저서 『나를 살리는 생명 리셋』에서 어떤 병이라도 치료 시작은 "하루 2시간 이상 햇볕을 쬐며 맨발로 땅 위를 걷는 것이다"라고 강조하고 있다. 앞에서 말한 히포크라테스의 "자연으로 돌아가라"는 가르침을 실천하고 있는 분이다.

　지구상에 생존하는 동, 식물 중에 햇볕을 싫어하는 게 인간이 아닌가 싶다. 숲의 나무를 보면 알 수 있다. 나무는 햇볕을 조금이라도 더 받으려 경쟁하듯 많은 가지를 뻗어 하늘 위로 솟아오르며 자란다. 사람은 어떤가? 외출할 때나 일상생활 속에서도 자외선을 차단하려고 애를 쓴다. 기미가 생긴다거나, 피부암에 걸린다는 이유 때문이다. 물론 자외선에 의한 피해를 받을 수도 있는데 일부분에 해당한다. 햇볕은 지구상에 존재하는 최고의 천연 살균 소독제이며 호르몬 생성에 직, 간접적으로 간여하고 있다. 우리 몸을 유지하고 지탱해 주는 3가지 호르몬이 인슐린, 성장호르몬, 멜라토닌이다. 그중 신경계와 면역세포에 직접적인 영향을 주는 호르몬이 멜라토닌이며, 인체에 없어서는 안 되는 호르몬이다. 이 물질이 만들어질 수 있는 조건은 햇볕이 있어야 하며, 하루 30분 이상 쬐어주면 자연적으로 생성된다고 한다. 과하면 문제가 되지만, 적당한 자외선은 각종 호르몬을 만들어 신진대사를 원활하게 해주며, 우리 몸의 세포를 회복시켜 활발하게 활동함으로써 병의 치유를 도와주고 있다.

건강을 잃어 본 나는 건강을 회복하려고 약물에 의존할 것인가? 아니면 자연치유를 할 것인가 심각하게 고민한 적이 있다. 결론은 우리 몸의 자연 치유력을 믿고 자연치유로 결정했다. 자연치유는 자연으로 돌아가는 것이다. 자연계에 존재하는 많은 물질 중에 생명체가 생명을 유지하는 데 필요한 물질은 무엇일까? 공부하면서 알게 된 사실은 햇볕, 산소, 소금이 꼭 필요한 요소라 생각하게 되었다. 여기서 햇볕과 산소는 쉽게 이해가 되는데 갑자기 소금이라니? 소금의 유용성 중 하나는 의식불명의 환자에게 가장 먼저 처방하는 것으로, 0.9% 생리식염수를 혈관 주사하여 세포조직을 활성화해 의식을 회복하게 하는 것이다. 의식이 깨어난 환자에게 포도당 주사로 기력 회복을 도와준다. 우리 몸의 수분과 혈액에는 0.9%의 소금 농도를 가지고 있다. 이 농도가 균형을 유지하지 못하면 각종 질병이 발생하게 된다. 한 예로 피가 썩어가는 패혈증이 있으며, 혈액에 소금 농도와 면역력이 부족하면 발생하는 병이다. 한때 웃음 전도사로 활동한 A 박사가 어느 날 갑자기 60대 젊은 나이에 돌아가셨다. 이분은 평소에 저염식을 주장하신 분으로 죽음을 맞이한 원인은 패혈증이었다고 한다. 소금 역시 과하면 문제가 되지만 적절하게 섭취하면 몸의 신진대사를 원활하게 하여 병을 다스려 준다.

나는 자연치유를 위해 민간요법을 활용하는 때도 있으며, 나만의 방법으로 이용하고 있다. 한 예로 소금을 이용한 민간요법으로 만성질환을 치유한 경험이 있다. 10년 이상 역류성 식도염으로 고생했는데, 0.9% 소금물로 1개월 만에 완치할 수 있었다.

건강한 삶을 위해 육체의 환경을 바꿔주듯 마음의 환경도 바꿔보면 어떨까? 어두운 환경에서 햇볕처럼 밝고 따뜻한 마음, 흙같이 부드러운 마음, 신선한 공기같이 생기가 넘치는 마음으로 돌려놓으면 유전자는 태초의 모습으로 돌아와 병은 쉽게 치유될 수 있을 것이다. 치유를 위해 원시 시대로 돌아가면 좋겠지만 그렇게 할 수는 없다. 현대 문명을 거스를 수 없기 때문이다. 그렇다면 어떻게 해야 하나. 우리 몸의 면역력을 높여서 스스로 치유될 수 있도록 도와주는 것이다. 요즈음 선풍적으로 인기가 있는 맨발 걷기가 있으며, 자연으로 돌아가는 하나의 좋은 예가 될 수 있다. 면역력을 높여 주고 자연치유를 도와주는 방법은 여러 가지가 있으며, 그중 하나가 삶의 기본을 자연과 더불어 조화를 이루며 살아가는 것이다.

섬강 자작나무숲 둘레길 나들이

 매주 토요일 오전 10시 시립 중앙도서관에서 하는 '글샘' 회원 합평을 오늘은 야유회로 대신했다. 회원 누군가의 제안으로 두 달 전 우여곡절 끝에 섬강 자작나무숲 둘레길로 야유회가 결정되었고, 17명이 함께 했다. 결정되면서부터 이상하리만치 기다려지는 날이었다. 오늘의 야유회를 '글샘 원생'들의 나들이라 부르고 싶다. 날씨도 축하해 주는 듯했다.
 올여름에는 유달리 비가 많이 내렸다. 많은 비가 내린 덕분에 하늘은 깨끗이 청소된 듯 구름 한 점 없어 말 그대로 '천고마비天高馬肥'의 계절이 되어 있었다. 절기의 변화는 한 치의 오차도 없이 정확하게 우리 곁에 다가와 있었다. 처서가 지나니 그렇게 울어대던 매미 울음소리는 들리지 않았다. 그 자리를 귀뚜라미와 이름 모를 풀벌레의 하모니가 대신하고 있었다. 고추잠자리가 날아다니고 길가엔 코스모스가 보이기 시작했다. 나들이의 설렘은 나이가 들어도 마찬가지로 어린 시절로 돌아간 기분이다. 들뜬 기분은 말할 것도 없고 몸과 마음이 자유로워지며 기운이 넘쳐나는 것 같았다. 나만의 느낌일까? 설레는 기분으로 섬강 자작나무 숲 둘레길로 출발했다.

이곳은 원주이씨 종중산이다. 종중과 원주시가 협약하여 자작나무가 심겨 있는 곳을 따라 4km 둘레길로 만들어지면서 시민의 품으로 돌아와 많은 사람이 즐겨 찾는 곳이 되었다. 섬강 지류와 절벽이 잘 어우러진 아름다운 경치가 우리의 눈을 즐겁게 해주었다. 기념사진을 찍고 나서, 가지고 온 간식을 나누고, 모두가 마냥 즐거운 표정을 보이며 가벼운 발걸음을 옮기기 시작했다. 도토리나무와 자작나무의 절묘한 만남, 그 사이로 소나무가 끼워 달라며 모습을 보인다. 잎사귀 사이를 햇살과 산들바람이 간지럼을 태우며 살랑살랑 스쳐 지나면서 서로를 유혹하고 있다. 회원들은 나름의 맵시를 뽐내며 사진 촬영에 여념이 없다. 특히 회장과 총무가 모범을 보이며 회원에게 사진을 찍어주었다.

나는 오늘 호기를 부렸다. 맨발 걷기를 홍보하기 위해 과감하게 신발을 벗었다. 같이 걷는 회원이 없어 아쉬웠지만, 관심이 있는 분에게 설명해 주는 것으로 만족했다. 맨발로 걷기에는 쉽지 않은 길이었다. 나무계단과 코코아 매트가 많이 깔려있었고, 땅이 거칠어 생각보다 힘들었다. 그래도 3km는 초보자도 쉽게 걸을 수 있는 길이다. 나머지 1km는 자갈이 많은 거친 흙길로 어려움이 있었다. 새로운 도전으로 걸을 때는 힘들었지만, 발바닥에 가해지는 압력으로 피로가 풀리며, 종일 기분 좋게 지낼 수 있었다.

　자작나무숲에서 실시한 엽서 쓰기와 글 낭송은 오늘의 하이라이트였다. 강원 편지쓰기 회장의 주관으로 '2022 대한민국 편지쓰기 공모전'의 홍보를 위한 행사로 진행되었다. 백일장과 같은 분위기에서 처음은 서로 눈치를 보며 발표를 꺼리니 분위기가 냉랭하게 가라앉아 있었다. 역시 '글샘'의 리더는 순간순간 빛을 발하기 시작했다. 회장이 자신에게 보내는 엽서 글을 낭송했는데, 동시와 같은 순수한 내용이 갈채를 받았다. 다음은 '글샘'의 날카로운 비평가인 손 작가의 청순하면서 주옥같은 글이 소개되었다. 이어 항시 있는 듯 없는 듯 존재감을 드러내는 김 작가의 아름다운 글이 낭송되었다. 끝났나 싶더니 글 샘의 마스코트인 총무의 존재를 무게감 있게 뽐냈다. 나눔의 집 선생님께 보내는 편지를 낭송한 문 작가의 글에서 가슴 뭉클함을 느꼈다. 이어 여성문학회장께서 '나이는 숫자에 불과하다'라는 것을 증명하듯, 인생의 진솔한 멋을 느낄 수 있는 글을 발표했다. 마지막으로 이 작가의 남편에게 보내는 글에서 부부간의 사랑을 느낄 수 있었다. 나는 즉석에서 쓰고, 발표하는 데 항시 자신이 없었다. 누구에게 무엇을 어떻게 표현해서 써야 할지 난감했다. 위기를 벗어나려 일을 저질렀다.

'2022 대한민국 편지 쓰기 공모전'에 아내에게 보내는 편지를 응모하기로 하였고, 더 나아가 회원 합평에서 발표하겠다고 약속했다.

 이어서 또 다른 놓칠 수 없는 최고의 장면이 연출되고 있었다. 평균 나이 60대 초로初老의 '글샘' 원생들이 펼치는 국민체조, 알 듯 모를 듯한 동작은 굳어가는 관절과 근육을 깨어나게 하기에 충분한 동작이었다. 이보다 더 좋은 즐거움이 있을까? 마음껏 웃고, 율동하고, 사진 찍으며 즐기는 사이 자작나무숲 속으로 쏟아지는 햇살이 모두를 축복해 주고 있었다.

 마지막으로 섬강 징검다리에서 펼쳐진 천진난만하게 웃으며, 즐겁게 뛰노는 회원들의 모습에서 청순한 청춘 선남선녀들을 볼 수 있었다. 모든 일을 뒤로하고 점심을 위해서 주변에 있는 떡갈비 식당으로 자리를 옮겼다.

 떡갈비 식당은 20여 년을 그 자리에 있었고, 오가며 눈에 익은 집이었다. 떡갈비를 좋아하지 않아 찾은 적은 없지만, 호기심이 가는 집이기도 했다. 가보고 싶었던 그 식당에서 식사할 줄이야. 낭만이 있었다. 상차림 전 잠깐 삼삼오오 짝을 지어 여흥의 시간을 가졌다. 하늘은 높고 깊어 환상적인 초가을의 모습이었다. 잠시나마 어린 시절에 있었던 일들이 기억 속에서 되살아나며, 산야山野를 뛰놀던 모습이 떠올라 살포시 미소를 지어본다. 늦은 점심으로 허기가 찾아오고 있었다.

 상차림은 깔끔하였고, 보는 순간 군침이 돌았다. 누군가 건배 제의가 있었고, 자연스럽게 주류와 비주류로 구분되어 자리에 앉았다. 막걸리 대신 맥주로 건배한 후 식사가 시작되었다. 생각보다 음식 맛은 괜찮았고, 화기애애한 분위기에서 식사를 즐기고 있었다. 분위기로 봐서 술 한 잔이 어울리는 자리였는데 그러지 못한 아쉬움이 있었다.

식사 후 야외에서 즐기는 커피 한 잔은 또 다른 즐거움과 멋으로 다가왔다. 청명하고 시원한 초가을 날씨를 모두가 흡족한 듯 바라봤다. 한가로운 시간은 잠시, 총무가 한 작가에게 반주 없는 노래를 청해 보지만 쉽지 않아 보였다. 그러나 영웅은 따로 있었다. 손 작가가 기꺼이 몇 곡을 부르니 분위기가 완전히 뒤바뀌었다. 다 같이 나이를 잊은 듯 손뼉 치며, 따라 부르고 율동까지 곁들여지면서 흥은 최고조에 이르렀고, 즐거운 분위기는 잠시나마 피로를 잊게 해주었다. 언제부턴가 서쪽 하늘에 구름 한 점이 떠다니고 있었다. 천마天馬가 날고 있다고 내가 말하니, 또 누군가는 물고기가 헤엄치며 난다고 했다. 그 구름을 보며 다른 이들은 어떤 모습으로 상상했을까? 어릴 적 따스한 햇볕을 받으며, 땅바닥에 누워 뭉게구름을 보면서 환상의 나래 속에 그림을 그리며 놀던 시절이 있었다. 상상한 대로 그림을 그렸고, 그러는 사이 잠이 들어 꿈속에서 별을 따고 있었다.

아쉬움을 뒤로 하고 토요일 하루 동안 '글샘 원생들'의 길지 않은 나들이는 이렇게 마무리되었고, 해는 서쪽으로 점점 기울어 가고 있다.

대자연과 호흡하기

'자연이 주는 고마움을 얼마나 많이 즐기면서 삶을 살아가는 것일까?'라는 의문을 가져본다. 날마다 산책하면서 하루하루 변해가는 경치와 신선한 공기를 매일 전혀 다른 느낌으로 받을 수 있다면, 어떤 기분으로 다가오는지 느껴보는 것도 좋은 일일 것이다. 햇빛과 하늘, 그리고 흙, 아침에 첫걸음 내딛기 전 신선한 공기를 한 모금 마시며 활기를 불어넣어 보자. 날씨가 흐리든 맑든, 춥든 덥든, 눈 앞에 펼쳐진 날씨와 풍경을 마음껏 느껴보면 새로운 기운이 솟아나는 무엇인가를 느낄 수 있을 것이다.

오솔길을 걸으면서 점점 짙어가는 초록빛을 띠는 나무, 공중으로 솟아오르며 노래하는 새, 당당하게 활짝 피어 있는 꽃송이를 유심히 바라보자. 신비로운 자연이 활기를 불어넣어 주고, 마음을 어루만져

주며, 정신을 고요하게 해줌을 느낄 수 있다.

날마다 잠깐 시간을 내 자연이 주는 고마움을 받아 보면 어떨까? 이른 아침, 밖으로 나가 5분 만이라도 천천히 걸으면서 하늘의 구름, 잔디밭의 이슬을 감상하는 것도 좋은 하루가 시작될 것이다. 퇴근 후에 서둘러 집으로 가지 말고 주변의 자연을 느끼며, 거리나 공원에서 아름다운 석양을 바라보며 하루의 무사함에 감사를 나누는 일도 괜찮다. 잠자기 전에 밖에 나가 호흡과 명상으로 하루를 마무리하며 행복을 찾아보자.

시멘트 건물로 둘러싸인 도시에서 살고 있다면, 더욱더 시간을 내서 산으로 강으로 나가 대자연의 풍요로움을 느껴보는 것도 좋은 일이다. 공휴일에는 경치가 빼어난 곳을 찾아다니며, 아름다운 자연에서 자신이 진정으로 바라는 게 무엇인지 돌아보는 시간을 가져보면, 하루하루가 행복으로 다가옴을 느낄 수 있을 것이다.

아름다운 전원생활을 그리며 사는 사람들이 갈수록 많아지고 있다. 그들은 한적한 시골에 작은 집을 짓고 전원의 풍경을 마음껏 누리려 한다. 단 며칠 만이라도 복잡한 도심에서 벗어나 편히 쉴 수만 있다면, 지나친 소망은 아닐 것이다.

우리가 사는 도시란 어떤 곳인가? 끊임없이 차들이 오가고, 북적이는 인파에 시달린다. 공기는 오염되어 있으며, 높은 빌딩에 둘러싸여 있어, 밝고 맑은 햇빛과 공기를 볼 기회가 많지 않다는 게 안타깝다.
 자기 모습을 거울에 비춰보자. 자기 얼굴이 시들어 버린 꽃으로 보이지는 않은지 확인해 보자.

 원주는 타고난 천혜의 아름다운 고장이다. 동서남북으로 발달한 도로망, 마음만 먹으면 1시간 이내에 산과 계곡, 강으로 갈 수 있는 곳이다.
 바쁘게 살아가는 삶 속에서 잠깐 시간을 내서 여유로움을 가져볼 수 있다. 아침이면 원주천 언저리를 거닐며 지저귀는 새들 노랫소리에 콧노래를 흥얼거린다. 아침 이슬을 머금은 각종 야생화의 싱그러운 모습을 보면서 자연이 주는 경외감과 그 신비로움을 즐길 수 있다. 물속에서 유유자적 노니는 물고기와 온갖 철새들의 모습을 보며 하루를 시작한다.
 주말이면 자전거를 타고 근교의 한적한 곳이나 원주천 자전거 길에서 경치를 즐긴다. 치악산 자연휴양림이나 백운산 자연휴양림을 찾아다니며, 한나절 자연이 주는 복을 오롯이 누린다. 치악산 주변의 수려한 계곡에서 느끼는 아름다움과 황홀한 감정은 신선이 되는 기분이다.
 잠시나마 도심을 벗어난 기분은 이루 말할 수 없다. 때로는 붕붕 떠다니는 착각이 들기도 한다. 치악산 둘레 길을 탐방하는 일과, 높지 않은 봉우리들을 종주하며 정상을 등산하는 재미도 쏠쏠하다. 많은 시간보다 자투리 시간을 활용하면 더 많은 혜택을 누릴 수도 있다. 한나절이면 충분하다.

나의 건강을 유지하는 기본은 자연치유에 있다. 자연치유의 근본은 면역력을 높이고, 몸의 균형을 찾아가는 것이다. 가능하게 한 것은 주변 훌륭한 자연환경에서 도움을 받고 있기 때문이다. 이런 혜택을 누릴 수 있는 것도 자연이 나에게 준 '당연한 선물'이라 생각한다.

요즘 화제가 되는 TV 프로그램 중 '나는 자연인이다'에 출연한 자연인 대부분은 "부족하지만, 각종 식자재를 자연에서 구하여, 자기 손으로 가공하거나 요리하여 먹는다. 그러면서 부족하지만, 도시에서 넉넉하게 살 때보다 더 행복하다"라고 말한다. 이것이 자연이 주는 혜택이며, 우리에게 주는 '좋은 선물'이라 할 수 있다.

부족하지만 넉넉하게 받아들이고, 자연 일부가 되어 순응하며, 건강하게 살아가는 모습에서 행복을 찾아볼 수 있다.

살아가는 삶의 모습을 바꿔보면 어떨까. 너그러운 마음, 순진하고 소박한 마음, 서두르지 않고 천천히 생활하며, 아름답고 즐거운 일상으로 회복하는 것이다. 행복한 느낌을 콘크리트 더미에서 찾는다는 것은 힘도 들지만, 어리석기도 하고, 삭막할 뿐만 아니라 낭만이 없어 보인다.

도시에서 살다 보면 생활 리듬이 너무 빨라지고 있다. 우리는 안타깝게도 단순하고 느리게 생활하는 즐거움을 잊어버리고 있다. 그러나 자연을 마주하다 보면 그 어떤 희로애락도 잊을 수 있다. 감정의 소통이 잘 이루어지면 그것으로 충분하다.

분명한 것은 인류가 '대자연 속에서 성장해 왔고, 우리의 뿌리는 대자연 속'에 있다는 것을 가슴속에 새겨봄 직하다. 해답은 대자연 속에 있다.

단지 며칠 만이라도 좋다. 도시를 벗어나 자연과 함께 거닐어 보면 좋을 것이다. 휴가철이 되면 모두가 산과 계곡이 있는 곳, 바닷가 넘실대는 파도의 풍경을 보러 떠나는 이유이기도 하다. 이는 대자연이 주는 최고의 선물이며, 마음껏 즐길 수 있는 행복을 찾아가는 것으로, 잠시나마 자연과 함께 생활할 수 있음을 감사해야 한다.

대자연은 사람이 마음껏 누릴 수 있도록 아름다움과 풍요로움을 내어 주고 있다. 이것을 받아 즐길 수 없다면 얼마나 불행한 일일까? 그러나 불행하게도 때로는 시간이 없어서, 바빠서, 피곤해서 이런저런 핑계 대며 받기를 거부하고 있다. 많은 시간이 아닌 자투리 시간만으로도 자연이 주는 선물을 충분히 받을 수 있다. 늦지 않았다. 이제 바로 시작해 보기로 하자.

10종 이상 약 먹는다.
그 하나 이상은 100% 부작용이 있다

우리나라 국민의 약물 의존은 상상을 초월한 수준이라 할 수 있다. 건강 보조제부터 치료제, 항생제, 진통제와 소염제 등 과하다 할 정도로 약을 먹는다.

나를 포함해 주변의 가족을 돌아봐도 조금만 아파도 병원을 찾아 약 처방을 받는다. 그러고는 낫지 않는다며 이 병원, 저 병원으로 옮겨 다니며 새로운 약을 처방받는 게 다반사다. 88세인 장모님도 한 번에 먹는 약이 30여 개나 된다. 각각 다른 증상과 다른 병원에서 처방받은 약이다.

나는 2012년 3월부터 2022년 6월까지 급성 심부전증과 부정맥과 관련된 네 알의 약을 하루 두 번 먹었다. 그러나 2022년 7월부터 담당 의사의 동의 없이 약 먹는 것을 중단했으며, 2년이 지나고 있다. 지금도 담당 의사는 약을 잘 먹고 있는 것으로 알고 있다. 그 이유는 약을 중단한 후 검사 항목의 수치가 모두 좋게 나오기 때문이다.

어느 날 약물의 부작용에 대해 인지하고, 10년간 먹었던 처방 약의 효능과 부작용에 대해 꼼꼼하게 확인해 보았다. 이때 놀랐던 사실이, 한 가지 효과를 보기 위해 따르는 부작용이 더 많았다는 것에 놀라지 않을 수 없었다. 계속 약을 먹어야 할지 고민하기 시작했다. 담당 의사와 약사가 나에게 했던 말 때문이었다.

"약은 꾸준하게 매일 꼭 먹어야 합니다. 하루도 먹지 않으면 큰일 날 수도 있습니다."라고 반강제적으로 강요한 것이었다. 이 말을 듣고 약물을 끊을 수 있는 사람이 과연 얼마나 될까?

의사와 약사 중에 약물 부작용에 대해서 경고해 주는 사람이 많지 않았다는 사실이 심각한 문제이다. 장모님의 경우가 그러한 경우다. 아픈 곳이 많아서 병원을 옮겨 다니며 치료를 받았기 때문이다.

약물을 중단하고 나서 내 건강은 더 좋아지고 있다는 것을 검사 수치에서 확인해 준다. 물론 약물을 중단하기까지는 하나의 원칙을 가지고 건강과 몸 관리를 잘하고 있기 때문이다.

다음은 서울아산병원 '노년내과 전문의인 정희원 교수'가 2023년

6월 28일 조선일보에 기고한 글에서 '약물 남용과 부작용의 심각성'을 경고한 내용을 요약 정리해서 소개한다.

이 글은 한국 의료 시스템에서 노인 환자가 겪는 '처방 연쇄' 문제를 다루고 있다. 칠십 대 후반의 한 여성 환자는 어지럼증, 소화불량, 수면 장애, 요실금, 기억력 저하 등의 증상으로 여러 병원을 방문하며 20여 종의 약을 처방받았다. 그러나 그녀의 상태는 호전되지 않고 오히려 악화되었으며, 부작용이 누적되어 일상생활이 어려워졌다. 어지럼증을 치료하기 위해 복용한 약이 변비와 기억력 저하를 유발했고, 그에 따라 새로운 약이 추가되면서 증상은 더 심해졌다. 이러한 '처방 연쇄'는 주치의 없이 환자가 스스로 여러 의사를 찾아다니는 한국의 의료 환경에서 흔히 발생하는 문제다. 특히 노인 환자들은 증상에 따라 새로운 의사를 찾고 새로운 약을 처방받는 과정에서 부작용이 악화되는 악순환에 빠지기 쉽다. 이 문제를 해결하기 위해 노인 의학에서는 '탈 처방'이라는 개념을 제시한다. 이는 환자의 전체적인 상황을 고려하여 불필요한 약을 줄이고 부작용을 줄이는 과정이다. 그러나 이 과정은 환자와 가족의 이해와 협조가 필수적이며, 모든 경우에 적용되지는 않는다. 이 여성 환자의 경우, 탈 처방이 제대로 이루어지지 않았고, 약의 개수는 더욱 증가하며 상태는 악화되었다. 거주지 인근에 주치의 역할을 해줄 의사가 없었고, 결국 서울의 병원을 방문하기 어려운 상황에서 상태가 개선되지 못한 것이다.

의료 지식이 없는 나도 기고 글을 보면서 약물 복용의 심각성을 인지할 수 있었다. 각각의 진료 과목을 맡은 전문의도 성인 의학 관점에서는 개별 증상에 대하여 교과서적 진료를 하고 있다는 것을 알 수 있다. 하지만 이 여성 환자의 경우 처방전을 종합적으로 검토하고 진료 방향을 조정해 줄 의사가 없는 게 문제였다.

복잡하게 꼬인 노년 환자의 의학적, 기능적 문제를 정리하고 풀어내는 일은 해외에서는 기본적으로 노인 의학적 지식을 갖춘 주치의가 담당한다고 한다. 그러나 내과, 가정의학과 전문의, 일반의사가 주치의 시각에서 노인 의학적 진료를 하는 실정이다.

환자는 답답하다. 아프고 힘이 들더라도 '자기 이야기'를 들어 줄 의사가 많지 않다는 것이다. 하지만 의사의 마음은 더 답답할 것이다.

최근 우리나라는 의료 대란을 겪고 있다. 의사가 부족하여 증원해야겠다는 정부와 절대 부족하지 않다는 의료계가 맞서고 있기 때문이다.

복잡하게 꼬인 어르신들의 질병과 약 문제는 보건복지의 다른 '시급한' 문제에 밀려 항상 뒷전이 된다. 결국, 환자와 의사는 멀어지고 그 사이엔 처방전만 쌓이게 된다.

맨발 걷기 체험일지

[이 글은 2021년 처음 맨발 걷기를 하면서 체험한 내용을 친구들과 공유한 글을 정리한 것이다.]

맨발 걷기 체험 · 1

오늘도 학교 운동장에서 100분 이상 걸으면서 땅과 인연을 더 깊게 맺었다. 걷는 순간순간 즐거움으로 손뼉을 치며, 미친놈같이 웃으며 걸었다.

어느 날 집 근처 야산 둘레길을 맨발로 걷고 있을 때다. 70 전후의 어르신께서 "선생님, 부럽습니다. 일주일 정도 지켜보고 있었는데, 저도 맨발로 걷고 싶은데 용기가 나질 않습니다"라며 물으신다. 이어서 "맨발로 걸으면 어디가 좋은데요?" 다시 물어온다. "용기를 내서 걸어 보시지요?"라고 말을 이어갔다.

어디가 좋은지 나도 잘 알지 못한다. 그냥 좋을 것 같다는 기대하면서 몸소 체험하고 있기 때문이다. 인터넷을 검색하여 얻은 정보를 공유해 주었다.

"맨발로 걸을 때 효과는 먼저 접지 효과입니다."

"맨발로 걷게 되면 혈액순환이 잘 된다고 합니다"라고 대답해 드렸다.

'접지 효과'란 우리 몸은 끊임없이 양전하가 발생하고 있다. 그러나 이 양전하 때문에 혈액순환이 원활하지 않아, 이를 제게 해주어야 혈액순환이 잘 된다고 말한다. 땅은 수없이 많은 음전하가 발생하는데, 맨발로 땅 위를 걷게 되면 이 음전하는 몸속으로, 몸속의 양전하는 땅으로 스며들면서, 몸속의 양전하가 사라지게 되면서 혈액순환이 원활하게 된다는 원리다.

양전하는 우리 몸에서 일어나는 하나의 정전기라고 생각하면 된다. 활성산소도 혈액순환 장애를 가져오는 대표적인 원인이다. 정전기와 활성산소를 우리 몸에서 제거해 주는 방법이 접지이며, 접지의 대표적인 방법이 맨발 걷기다. 이 원리는 건물 위의 피뢰침을 생각하면 쉽게 이해가 된다. 피뢰침은 벼락 시 수백만 볼트의 전압을 땅속으로 흡수하여 피해를 예방한다.

한 달 정도 1시간 이상 맨발 운동을 했더니 바로 효과가 나타나는 것을 체험하고 있다. 언제부턴가 꽤 오랫동안 등 바깥쪽의 통증으로 고생하고 있었다. 침술로 고쳐보려 했지만, 침은 맞을 때뿐이었다. 간이나 오장육부에 이상이 있을 때 등 쪽이 아프다고 해 검사를 받아 보았지만, 결과는 이상이 없었다. 원인을 모르니 치료가 되질 않았다. 그런데 맨발로 걷기 시작하면서 '등 쪽의 통증'이 사라지고 있었다. 완전하게 사라지지 않았지만, 거의 통증을 느끼지 않고 있다. 등이 아픈 이유는 어혈이 생기고 혈액순환이 원활하지 않았기 때문이다. 등 쪽의 통증이 없으니 피곤함을 느낄 수 없으며, 몸은 날아갈 정도로 가벼운 느낌이다. 이처럼 접지 효과가 바로 어혈을 풀어주고, 혈액순환을 도와준다는 것을 체험하고 있다.

암세포가 가장 싫어하는 것이 산소라고 한다. 우리 몸 구석구석까지 산소를 운반하는 게 피다. 피가 제대로 흐르지 못하니 세포가 죽으면서 변이가 발생하여 암세포로 성장하게 되는 것이다. 결과적으로 혈액순환이 원활하면 암도 걸리지 않는다는 것이다.

발바닥은 '우리 몸 장기의 축소판'이라 말한다. 발바닥의 모든 신경이 장기와 연결되어 있어, 피로회복을 위하여 발 마사지를 하고 있다. 사우나를 하면서 발바닥 지압을 해주면 피로가 쉽게 해소되는 것을 느낄 수 있다. 이를 '지압 효과'라 하는데. 맨발로 걷게 되면 최상의 발 마사지 효과를 보는 것이다.

맨발 걷기 체험 · 2

아침 5시에 눈을 떠보니 몸이 나른하여 더 잘까, 하다가 떨치고 일어나 인근 야산 둘레 길을 걸었다. 신발을 벗고 맨발로 2시간 넘게 걸었다. 나른하던 몸이 정상으로 회복되며, 머리가 맑아지면서 몸이 훨씬 가벼워지는 것을 느낄 수 있었다. 일찍이 산책한 분들과 "안녕하세요. 좋은 아침입니다." 인사를 나누면서 걸으니, 기분이 한결 좋았다.

토요일 오후 시간이 무료하여 아침에 올랐던 산에 올라, 다시 맨발로 2시간을 더 걸었다. 오늘은 나와 같은 사람을 만난 행운을 얻었다. 40대로 보이는 분으로 같이 길을 걸으면서 많은 대화를 했다.

"선생님, 맨발로 걸으시니 좋으시죠?" 나는 물었다. "아주 기분이 좋습니다."

"맨발로 언제부터 걷기 시작했지요?" "1년 정도 되었습니다."

"어떤 계기로 걷기 시작했는지요?" "아, 네? 허리가 좋지 않아서 걷기 시작했습니다. 6개월 동안을 주 5회 1시간 이상을 걸었더니 통증이 심했던 허리가 치유되었습니다."라고 그는 말하며, 이후에 계속 걷는다고 했다.

'공기 중 산소농도는 22.5%'라고 한다. 그런데 도심지의 산소농도는 22.1~22.3% 정도 되고, 숲속의 산소농도는 22.5% 이상 22.9까지도 나온다는 보고서를 본 적이 있다. 암 환자들이 산소농도가 높은 숲속으로 들어가서 암을 치유했다는 사례를 많이 듣고 있다. 혈액을 통해서 우리 몸의 말초신경까지 산소를 운반해 줌으로써 암이 치유된다고 한다. 원활한 혈액순환은 땅과 직접적인 접지를 통해서 이룰 수 있다. 어혈은 혈액순환 장애에서 비롯되며, 어혈을 풀어주는 가장 효과적인 방법이 맨발 걷기인 것 같다. 산에 오른 모든 분에게 맨발로 걷는 것을 홍보하고, 같이 걸으면서 건강한 삶을 살게 하는 것이 하나의 바람이다.

맨발 걷기 체험 · 마무리

친구들의 건강한 삶을 위하여 '맨발로 걸어라.'라는 제목으로 적어보았다. 고혈압, 당뇨, 고지혈증과 같은 생활 습관성 질환을 앓았다면 '밑져야 본전이며, 한번 시도해 보면 어떨까? 권하고 싶어진다. 효능은 직접 체험하면서 확인하는 것도 좋은 방법일 것이다. 우리의 삶은 기쁨을 추구한다. 기쁨은 행복에 이른다. 기쁨이 없다면 즐거움도 없고,

행복도 느낄 수 없다.

미국 신경정신학과 교수였던 피어 졸 박사는 그의 저서 『즐거운 인생을 위한 처방전』에서 현대인의 질병과 사망원인을 '기쁨 결핍 증후군'에서 찾고 있다. 그는 '기쁨 결핍 증후군'을 가장 강력한 전염병이라고 정의하고, 현대인에게 '가장 무서운 전염병'이라고 강조하고 있다. 이를 치유하는 방법은 생활에 여유를 가지고 기쁨을 찾아가는 것이라 말하고 있다.

일상을 잠시 멈추고 대자연의 숲을 찾아서 걸어보면 좋을 것 같다. 이 순간만은 모든 일을 내려놓고 숲이 제공하는 무궁무진한 보약을 먹어보면 어떨까? 1주일에 한 번이라도 좋다. 숲속을 걷는다면 맨발로 걸어보자. 기대 이상의 효과가 우리 몸에 나타나는 변화를 체험할 수 있다.

오늘은 아내를 설득해서 1시간 넘게 같이 맨발로 산길을 걸었다. 엄살이 조금 있는 아내가 포기할 줄 알았는데 끝까지 같이 해주었다. 그리고 매우 만족하고 있었다. 발바닥이 아픈 게 아니고, 시원한 느낌으로 피로가 사라졌다고 좋아하면서.

마음마저 쓸어서 행복하시겠습니다.

맨발 걷기를 하면서 시작한 일이 한 가지 더 있다. 원주시 단구동에 있는 여성 가족 공원과 단구 공원을 연결하는 천매산 둘레길이 만들어져 있다. 4km가 되지 않는 길이지만, 맨발 걷기에 안성맞춤인 곳이다. 언제부턴가 이 길을 빗자루로 쓸어주고 있다. 일주일에 한 번 이상 1km가 넘는 길을 쓸며 느끼는 감정은 행복감이다. '내가 희생하면 누군가는 혜택을 본다'라고 생각하니 가슴 뿌듯하다.

어느 토요일 아침 길 위의 낙엽을 쓸고 있을 때이다. 뒤에서 "마음마저 쓸어서 행복하시겠습니다?"라는 여자의 목소리가 들려왔다. 뒤를 돌아보니 나이 60세 전후로 되어 보이는 여성분이 가던 길을 멈춰 서더니 하는 얘기다.

"매일같이 길을 쓰세요?"

"그렇지는 않습니다. 일주일에 한두 번 쓸고 있습니다."

"힘들지 않으세요?"

"아니요. 맨발로 산길을 걸으면서 가끔 비질하면 머리도 맑아지면서 기분이 좋아집니다. 어디 편찮으세요?"

"예, 항시 머리가 무겁고 몸이 피곤해서요. 산에 오면 좋아질 것 같아 올라왔습니다." 그 여자분을 자세히 바라보니 얼굴이 파리하고, 몹시 피곤해 보이며, 기운이 없어 보였다.

"맨발로 걸어 보시죠?"

"맨발로 걸으면 뭐가 좋은데요?" 질문에 여러 가지 사례를 들어가며 설명했다.

"한 번 걸어보겠습니다."라며 인사하고 헤어졌다. 이후 이분은 보이지 않았다.

비질은 청소를 의미한다. 부처님은 16명의 '아라한'阿羅漢[1]을 두었다. 16번째 아라한이 '주리반특周梨槃特'이다. 이분은 비질하며 깨달음

---

[1] 한국, 일본, 티베트, 중국에서는 보통 16명의 아라한(흔히 약칭하여 나한이라고 함)을 사원의 벽에 그렸다(뒤에는 아라한의 수가 18명에서 500명까지 늘어남). 이들은 석가모니의 부탁으로 다음 부처가 올 때까지 사람들이 섬길 수 있도록 열반에 들지 않고 세상에 남아 있게 되었다고 하는 석가모니의 가까운 16 제자들을 나타낸다.

을 얻은 특이한 분이다.

'주리반특'은 지적장애인이어서 늘 사람들에게 놀림을 당했다. 그러던 어느 날 부처님을 찾아가 호소를 했다.

"부처님, 저는 너무 바보여서 이곳에 더 있을 수가 없습니다." 그 말을 들은 부처님은 그에게 이렇게 일러주었다.

"자신을 어리석다고 아는 사람은 절대 어리석지 않은 사람이다." 계속해서 부처님은 그에게 말했다.

"너는 어려운 설법은 전혀 알아듣지 못한 것 같으니, 내가 한 가지만 가르쳐 주마. 여기 빗자루가 있으니 이 빗자루를 가지고 매일 마당을 쓸어라. 그때마다 '쓸고 닦아라!'라고 반복해서 말하며 쓸도록 하여라." 하지만 '주리반특'은 이 말조차 외우지 못하고 자주 잊어버리곤 했다. 그러나 '주리반특'은 비가 오나, 눈이 오나 "쓸고 닦아라!"라고 말하면서 매일 같이 경내 청소를 하였다. 그렇게 1년이 지나고 2년, 5년, 10년이 지나도록 한결같이….

'주리반특'은 스스로 부처님 말씀대로 하루도 쉬지 않고 쓸고 닦는 청소를 계속하는 중에 자기도 모르는 사이에 깨달음을 얻게 되었다.

"아아, 사람도 마찬가지다. 마음속에 있는 먼지나 때를 닦아내는 게 중요한 거야" 마침내 '주리반특'은 불교에서 말하는 '아라한'阿羅漢의 경지에 이르게 되었다.

내가 둘레길을 비질하는 것은 깨달음을 얻기 위해서 하는 것이 아니다. 그냥 좋아서 하고 있다. 그러나 그 순간만은 아무런 잡념이 없어진다. 온몸의 근육이 풀리며 땀이 많이 난다. 1시간 정도 쓸고 나면 머리가 맑아지며 개운해진다. 스스로 만족감에 빠질 때도 있다.

뭔가 새롭게 시작할 때 가장 먼저 하는 게 청소라 생각한다. 새로운 마음가짐으로 각오를 다지고 성공을 기원하기도 한다. 귀한 손님이 오면 집 안과 밖을 깨끗하게 청소하며 정리 정돈을 한다. 잘 보이려는 게 아니고 손님에 대한 존경과 예의를 표하는 것이다.

어릴 적 기억에 명절 때만 되면 일주일 전부터 집 안에 쌓여있던 물건을 정리하여 쓰지 못한 것들은 버리면서 대청소하느라 분주했다. 머리를 깎고 목욕하며 때를 밀어내어 몸단장했다. 목욕에 대한 추억도 있다. 지금은 집안에서 목욕이나 샤워를 할 수 있게 되어 있지만, 시골집에는 할 수 없었다. 소죽을 끓이면서 따뜻한 물을 데워 바람만 막을 수 있는 공간을 만들어 놓고 몸을 씻었다. 오돌오돌 떨면서 몸을 씻던 시절이 새록새록 떠오른다. 이렇게 새롭게 시작하는 의미에서 묵은 것을 벗겨내어 새로운 각오를 다지곤 하였다.

정리 정돈이 잘 되어 있고 깨끗한 가정은 무언가 다른 모습을 본다. 집안에서 가장 비중이 높은 것은 청소이며, 우선순위가 높다. 또한, 한 가정의 가풍도 알아볼 수 있는 계기가 되기도 한다.

회사도 마찬가지다. 잘 나가는 회사 현장을 보면 정리 정돈이 잘 되어 있는 것을 확인할 수 있다. 안전사고도 일어나지 않는다. 청소는 새로움을 다지는 마음 자세이며, 상대방에게 예의와 존경을 표시하는 것이며, 행복의 시작이다.

| 마음을 맑게 하는 지혜 · 2 |

삶을 아름답게 하는 지혜

[원문] 保生者 寡慾, 保身者 避名. 無慾 易 無名 難. (景行錄)
　　　　보생자　과욕　보신자　피명　무욕　이　무명　난　경행록

[한자 뜻풀이] 寡 적을 과, 避 피할 피, 易 바꿀 이, 難 어려울 란

[해설] 삶을 보전하려는 사람은 욕심이 없어야 하고, 몸을 보전하려는 사람은 유명해지는 것을 피해야 한다. 욕심을 버리기는 쉬울 수 있으나, 이름을 숨기기는 어려움이 있다.

'마음이 모든 일을 결정한다. 행복과 불행을 조율하는 일도 자신의 마음이다. 마음의 자세를 어떻게 하는가에 따라 만족하거나 불만족을 느끼는 것이다.'

<H. W 비처>는 "하느님은 누구에게나 '삶을 받겠는가?'라고 묻지

않는다. 그것은 선택해야 할 문제가 아니기 때문이다. 선택이 가능한 것은 오로지 삶을 어떻게 살아야 하는 문제이다."

<슈바이처 박사>는 고통받는 사람을 위해 평생을 같이할 결심으로 아프리카로 떠났다. 처음 도착한 곳이 가봉의 랑바레네였다. 그곳에 원주민의 도움을 받아 병원을 세웠다. 처음에는 자신의 수입으로 병원을 운영하였으나, 갈수록 도움 없이는 병원 운영이 어려웠다. 그래서 고향으로 돌아와 모금하기로 했다.

슈바이처가 고향에 도착하던 날 역에는 그를 환영하기 위하여 많은 사람이 기다리고 있었다. 이윽고 기다리던 열차가 역으로 들어오자 우르르 1등 칸 쪽으로 몰려들었다. 그러나 1등 칸 마지막 승객이 내렸으나 박사의 모습은 보이지 않았다. 그때 누군가가 2등 칸에 타고 계시는지 모른다고 소리치자 2등 칸 쪽으로 몰려가 기다렸다. 그러나 이등 칸 마지막 승객이 내렸지만, 박사는 보이지 않았다. 시민들은 실망하면서 역을 빠져나가기 시작했다. 이때 허름한 옷차림에 손가방을 든 박사가 나타났다. 그가 박사임을 알아본 친구들이 반갑게 맞이했다. 친구가 "자네 기차에 타지 않았었나?" 물었다. "아니, 이 기차 타고 왔지!" 슈바이처는 삼등칸을 타고 온 것이다. 당연히 1등 칸을 타고 올 줄 알았던 친구들이 물었다. "왜 3등 칸을 타고 왔나?" 박사는 웃으면서 "이 기차에는 4등 칸이 없어서 3등 칸을 타고 왔을 뿐이네"

'아름다운 삶을 가꾸며 살아가는 데는 나름대로 지혜가 필요하다. 향기로운 삶을 살아가려면, 욕심을 버려야 한다. 유명세를 치르지 않도록 저 멀리 물러나 있는 것도 지혜로운 일이다.'

3부 함께하는 즐거운, 행복

건강이 허락되는 순간까지 나눔과 봉사는 계속될 것이다. '내가 가는 길이 힘은 들지만, 누군가는 나의 손길과 도움을 받아 행복해진다.'라는 믿음을 갖고 있다. 누군가가 해야 한다면 내가 먼저 하는 것이 보람도 있고 행복을 찾아가는 것이 아닐까?

아름다운 빛의 협주곡

 빛은 언제 어디서 보든, 아름답고 환상적이며 신비롭다. 지구상에는 빛을 이용한 다양한 문화 축제가 열리기도 한다. 빛의 날도 있다. 인간과 빛은 떼어낼 수 없는 불가분의 관계를 맺고 있는 것 같다.

 지구상에서 눈으로 보는 가장 강렬한 빛은 태양이 아닐까? 이견도 있을 수 있다. 북극성의 밝기는 태양의 1,000배나 된다고 하나, 지구에서 너무 멀리 떨어져 있어 한밤중이나, 새벽 북녘 하늘에서 볼 수 있을 정도의 별이다.

 '빛은 어디서부터 시작되어 우리에게 다가오고 있는 걸까?' 수많은 질문과 답이 존재하고 있다. 종교적인 면에서 빛의 기원은 창조되었다. 라고 주장하는 이론도 있지만, 이를 부정하는 이론도 만만치 않다. 현실적으로 지구상의 자연 빛은 태양에서부터 시작되는 것이 아닐까?

북극지방에서만 볼 수 있는 오로라는 지구에 존재하는 '최고의 자연 빛'이라 할 수 있다. 태양에서 방출되는 빛과 특정 물질이 작용하여 발생하는 이 현상은 아름다움의 극치를 이룬다. 무지개도 오로라 못지않게 아름다움을 뽐내고 있다. 희망을 이야기할 때 무지개를 떠올린다. '빨, 주, 노, 초, 파, 남, 보'라 불리는 무지개색은 신이 빚은 색이 아닐까? 호랑이 장가가는 날, 태양과 반대쪽 하늘에 펼쳐지는 무지개, 이를 잡으려 산야를 달렸던 어린 시절이 기억난다. 잡았다 싶으면 잡히지 않았고, 도망가듯 처음 그 거리를 두고 있었다.

맑고 청명한 저녁 하늘 은하계에서 쏟아지는 별빛도 내 마음을 사로잡은 아름다운 빛이다. 사이사이 꼬리를 물고 흐르는 유성을 보며 환호성을 내기도 했다.

1월 초순, 음력으로 섣달 중순 어느 날, 여명이 밝아 오기 전 새벽에 보는 원주천의 빛은, 흐르는 물과 조화를 이뤄 빚어낸 자연의 아름다움이 나를 설레게 한다. 차갑게 쏟아지는 무수한 별과 달빛을 강물이 받아내어, 춤을 추며 흐르는 모습에 넋을 잃고 바라본다. 한겨울의 새벽 공기는 차가움보다는 온몸으로 한기가 스멀스멀 들어온다. 춤을 추듯 흐르는 물을 보고 있으면, 한기는 어느덧 사라지면서 아름다운 감정이 덩달아 춤을 추는 것을 느낀다.

빛의 지휘자는 달이다. 도심에는 온갖 불빛들이 여명을 맞이하고 있다. 크고 작은 갖가지 빛은 결코 잘 난 체하질 않는다. 밝으면 밝은 대로, 흐릿하면 흐린 대로, 크면 큰 대로, 작으면 작은 대로 역할을 하며, 달빛의 지휘를 받아 그만의 자리에서 조화를 이루며 물속에서 즐겁게 춤을 춘다. 빛의 관객은 물이다. 물소리와 빛의 조화는 훌륭한 음률을 만들어 내면서 삶에 지친 사람에게 힘을 북돋아 주며 희망과 행복을 가져다주고 있다. 새벽, 모든 빛을 받아 음률에 춤추듯 너울거리며 흐르는 강물의 모습을 보는 것만으로도 행복해진다. 어느새 내 감정도 따라 너울너울 춤을 추며 흐르고 있다.

 삶이 조화를 이루지 못하면 불협화음으로 균형이 무너지며, 삶 자체가 불행해질 수도 있다. 오케스트라는 지휘자의 지휘에 따라 연주되는 여러 가지 악기의 소리를 절묘하게 조화를 이루게 하여 아름답고, 훌륭한 소리를 만들어 내고 있다. 하지만 잘못된 소리 하나가 전체의 균형이 깨지고, 불협화음이 일어나면서 그 연주는 실패하게 된다. 합창도 마찬가지로 지휘자의 지휘에 따라 아름다운 화음으로 노래를 만들지만, 어느 한 사람이 잘못하면 노래는 엉망진창이 된다.
 훌륭한 '오케스트라'나 '합창'은 구성원이 균형을 이루며 조화롭게 빚어낸 작품이다. 구성원의 희생이 없다면 조화를 이룰 수 없다. 그러나 아무도 희생을 강요하지는 않는다. 스스로 참으며 동화되어 하나의 작품을 만들기 위해 온 힘을 다하여 조화를 이루려 노력한다. 희생은 겸손과 인내가 필요하다.

공정과 상식이 통하는 사회는 건강한 사회라 할 수 있다. 내 잘난 맛에, 나만 옳고 내 가치 기준에 맞지 않으면 상대는 다 틀렸다는 생각에, 치고받고 싸우는 사회 모습이 상식적이라 할 수 없다.

조화를 이루려면 참고 또 참아야 한다. 조심하고 또 조심해야 한다. 그렇지 않으면 작은 일이 크게 되어 어쩔 수 없는 지경에 이를 수 있다. 우리 속담에 '참을 인 忍 세 개면 살인도 면한다'라는 말이 있다. 백번을 참아도 참을 수 있으면 참아야 한다.

우리 건강도 마찬가지라 생각한다. 균형이 깨져버린 삶에서 건강을 기대하기는 어려워진다. 균형을 이루며 조화롭게 생활한다면 건강도 회복되고 삶의 질이 높아지며 행복해지지 않을까?

물 위에 비친 빛의 아름다움에 빠져 있는 사이 치악산 마루에 여명이 밝아 오고 있다. 산 중턱 어느 산사에서 빛 한줄기가 세상 밖으로 나오며 들리는 목탁과 불경 소리, 새벽 예배를 드리기 위해 움직이는 사람들이 조화를 이루며 1월의 아침은 깨어나고 있다.

'햇빛의 오케스트라'가 산마루를 붉게 물들이며 서서히 '달빛 오케스트라'를 대신한 여명이 밝아 오고 있다. 참으로 아름다운 아침이다.

진심이 담긴 인사는 행복의 시작이다.

 "안녕! 좋은 아침" "안녕하세요? 좋은 아침입니다." 학교 가는 길목에서 1시간여 동안 학생들과 나누는 인사말이다. 그러면서 학생에게 하이 파이브와 엄지척은 기본이다. 이런 나를 학생들은 '좋은 아침 아저씨(할아버지)'라고 부른다.

 오늘도 초등학교 앞 건널목에서 은빛 지킴이 봉사활동을 하고 있다. 은빛 지킴이란 초등학생 학교 가는 길에서 교통안전을 유도하는 일이다. 벌써 3년째 하고 있으니 짧지 않은 기간이다. 여러 봉사활동을 하고 있지만, 가장 보람 있고 애착이 간다. 매일 1시간여 동안 어린이와 함께하는 시간은 나에겐 치유 시간이다.

 생각과 마음을 상대방에게 전하는 방법은 개인이나 상황에 따라서 다르지만, 나의 경우 진심이 담긴 인사다. 마음을 담아 정성을 다한다.

라는 의미다. 인사에는 언어와 악수, 뽀뽀, 포옹과 같은 비언어적 의사 교류 등이 있다. 어린 시절 동네 어귀에서 어르신을 만나면 공손하게 머리 숙여 "어르신 진지는 드셨어요. 안녕하시지요?" 인사를 드린다. "오냐, 00집 아들 00이구나."라는 소리를 들으면 어깨가 으쓱해졌고, 어르신이 지나가길 기다렸다. 지금은 나이를 떠나 아이를 보며 먼저 환한 미소로 진심을 담아 인사하고 안부를 묻는다.

동양과 서양의 인사 예절이 다른 모습이다. 동양에서는 대부분 고개를 숙이며 인사를 한다. 때로는 거의 90도로 허리 숙여 인사하면서 겸손의 예를 보여주는 사람도 있다. 반면 서양에서 인사는 악수다. 악수의 유래는 '손에 무기가 없다'라는 표시로 상대에게 안심시키기 위해서 손을 맞잡는 행위라 한다. 중동지역에서는 서로를 껴안으며 볼을 비비며 인사를 하는 예도 있다. 이처럼 방법은 다르지만, 인사는 상대방에게 첫인상과 진심을 전달하는 하나의 방법이 의사소통이며, 인간관계 형성에 매우 중요하다. 내 경우는 만나는 사람에게 밝게 웃으며 "안녕하세요? 참 좋은 하루입니다"라는 말을 덧붙여 진심으로 상대방에게 존경과 예의를 전하는 것이다.

은빛 지킴이 봉사는 어린이 교통지도만 하는 것이 아니다. 매일 그 지역을 지나다니는 많은 분에게 "안녕하세요? 참 좋은 아침입니다"라고 목이 아플 정도로 인사를 하고 있다. 어린 학생에게는 "안녕, 좋은 아침" 하면서 엄지척을 해준다. 그럴 때마다 해맑은 표정을 지으며 "안녕하세요? 좋은 아침입니다."라고 응답한다. 최초부터 이런 모습은 아니었고, 변화는 서서히 일어났다. 목석과 같은 아이의 변화하는 모습은 3개월이 지나면서 보이기 시작했다. 변하는 어린 학생들은 순수하며 단순하면서도 쉽게 받아들인다. 미소 띤 인사를 보며 그대로 따라 하는 어린이다. 서서히 변화하는 아이들을 보면서 자긍심을 느끼고 있다.

　일반 시민에게 "안녕하세요? 좋은 아침입니다."라고 처음 인사를 건넬 때 사람들의 반응은 가지각색이었다. 멀뚱멀뚱 쳐다보며 지나치는 사람, 무표정하게 땅을 보며 가는 사람, '뭐 이런 사람이 다 있어?'라는 표정을 지은 사람, 그래도 "안녕하세요."라고 응답하신 분들도 있었다. 아침마다 인사하는 모습에서 나 자신이 우스꽝스럽기도 했다. 그러나, 아랑곳하지 않고 반복적으로 진심을 전달하는 데 노력했다. 그렇게 한 달여 정도 지나다 보니 반응을 보이기 시작했다. 3년이 지난 지금은 서로가 자연스럽게 인사를 하고 있다. 보람을 느꼈던 한 예로, 3년을 매일 같이 뵙던 여성분께서 하루는 교통안전 유도를 하는 나에게 다가와 "선생님, 감사드립니다. 매일 아침 선생님께서 웃으시며, 반갑게 맞이하는 인사를 받고 나면 종일 기분이 좋습니다. 아침 안 좋았던 기분도 선생님의 밝은 웃음을 보면 기분이 절로 좋아지곤 했습니다. 감사합니다."라는 말을 들었을 때 나도 모르게 더불어 기분이 좋아지며 행복한 순간이었다.

인사 예절은 일상생활의 기본과 삶을 긍정적으로 변화를 주는 것 중 가장 으뜸이라 생각한다. 이런 기본교육은 유치원, 초등학교 저학년 사회, 바른생활 과목을 배우며 시작하였다. 나는 가끔 '기본이 잘못되면 모든 게 잘 될 수 없다'라고 수없이 되뇌곤 한다. 기본이 되지 않은 모습을 볼 때마다 안타까운 심정을 금할 수 없다. 언제부턴가 인성교육인 사회, 도덕 과목이 초등학교 교육에서 등한시되는 것 같다. 학교 가는 길에서 선생님께 인사하는 학생은 많지 않으며, 그렇다고 학생을 챙기는 선생님도 손꼽을 정도다. 기성세대인 내 눈에는 '정말 큰 일이구나.'라는 생각밖에 들지 않아 안타까울 뿐이다. 초등학교 시절, 먼발치에 선생님 모습만 봐도 쪼르르 달려가 "선생님 안녕하세요?" 인사하면, 머리를 쓰다듬어 주면서 반갑게 맞아준 선생님의 모습이 그립다.

한때 삶의 무게를 견디지 못해 방황한 기억이 있다. 항시 불만족스러운 표정, 냉소적인 성격, 상대방 감정을 상하게 하는 말씨를 쓰는 나를 좋아할 사람도, 좋아할 이유도 없었다. 심지어 처와 자식까지도 싫어할 정도였으니 하는 일마다 잘 될 수가 없었다. 실패의 연속이었으며, 모두 잃고서야 깨달은 사실은 변하지 않으면 안 된다는 교훈을 얻었다. 지금 나를 있게 한 것은 변화였다. 변하기 위해서 먼저 실천한 행동은 표정과 말씨부터 바꾸는 것이었다. 웃는 모습과 부드러운 말씨는 기본이고, 부드러운 남자가 되려고 노력했다. 매일 출근 전 5분 동안 거울을 보며 웃는 연습 아닌 연기를 했다. 거울 속 웃는 모습을 본 적이 없는 내 모습이 우스꽝스러워 더 크게 웃었다. 나의 변화된 모습을 진심으로 반겨준 것은 처와 자식이었다. 모든 게 풀리기 시작했다.

진심은 무엇이든 품어준다. '웃는 얼굴에 침 뱉지 않는다.'라는 속담이 있다. 사회적으로 쟁점이 된 교권 침해와 아동 인권 문제는 진심이 통하지 않아서 일어난 일이 아닐까? 진심이 통하려면 대화가 이루어져야 한다. 이 대화가 없는, 즉 의사소통이 문제다. 의사소통은 언어든 비언어적인 방법이든, 인사만큼 더 좋은 것은 없을 것이다. 상대방에게 먼저 함박웃음으로 인사하며 진실한 마음을 전달할 때 모두가 행복해질 수 있는 최고의 방법이라 생각한다.

나는 오늘도 변함없이 오가는 사람에게 함박웃음으로 인사를 하고 있다. 진심이 담긴 인사는 상대를 존경해 주는 마음이다. 행복의 시작이다.

「마을 리더」의 보람과 행복

원주시 사회종합복지관인 밥상공동체에서 추진하는 가치 돌봄 프로젝트에 「마을 리더」 일원으로 참여하며 활동한 지 벌써 3년째다. 「마을 리더」는 지역에 거주하면서 전문교육을 이수하고, 지역 사회 내 거주하는 단독가구 어르신에게 말벗하면서 돌봄을 제공하는 사람이다. 돌봄이 필요한 어르신과 「마을 리더」가 1:1 결연하여 주 1회 이상 방문 상담과 수시로 전화하여 안부를 확인하는 맞춤형 서비스를 제공한다. 또한, 지역 사회 내 돌봄이 필요한 어르신을 발굴하고 지원하는 우리 마을 안전 지킴이 역할을 하는 순수한 자원봉사 활동이다.

처음 참여할 때 우여곡절이 있었다. 참여 신청서를 제출했더니 거절

당했다. 담당자는 "나이가 많아서 참여할 수 없다."라고 한다. 이유치고는 옹색하다는 생각이 들어 담당자를 직접 만나서 설득해 보기로 했다. 평소에 어르신 돌봄에 관심이 있었고, 어르신 말벗으로 활동하고 있어서 꼭, 참여하여 활동하고 싶었다. 신청서를 다시 작성하여 사전 담당자와 약속하고서 직접 방문하여 면담했다. 초고령화 시대에 "아픈 어르신 돌봄은 건강한 노인에 의해서 돌봄이 이루어져야 한다."라는 소신을 설명해 드렸다. 앞으로 "어르신 돌봄은 젊은 사람이 할 수 있는 영역이 아니다."라고 생각한다.

나는 2012년 3월 급성 심부전증으로 쓰러진 일이 있었다. 갑자기 찾아온 병마는 나의 삶을 엉망진창으로 만들었다. 그때 나이가 55세였다. 5일 동안 입원하면서 삶을 포기하려 했다. 5년 생존 확률이 50%라고 말하는 의사의 말은 절망으로 다가왔다. 그러나 항시 희망은 있었다. 아내의 말 없는 설득, 글썽이는 절절한 눈물을 봤다. 순간 살아야 하겠다는 오기가 생겼다. 꼭, 살아서 '더는 아내의 눈물을 보지 말자. 내가 살아서 내가 필요한 분들에게 돌려주자'라고 다짐했다.

급성 심부전증이 오기 전까지 스스로 건강을 과신하고 있었다. 그러면서 건강을 챙긴다며 건강을 해치는 행동을 서슴지 않았다. 나는 술을 즐겼으며 좋아했다. 당시 술은 가늠하기 어려울 정도로 마셔댔다. 진작에 쓰러지지 않은 게 이상할 정도로 알코올 중독 증상을 보이기 시작했다. 규모가 큰 치킨과 생맥줏집을 운영했었다. 아침 눈 뜨자마자 생맥주 1,000cc를 속풀이 한다고 마시고, 이후 새벽 1시까지 계속해서 마신 것이다.

40대 후반에, 공직에서 퇴직했다. 한참 일 해야 할 나이에 퇴직하니 경제적으로 매우 힘들었고, 쪼들린 생활은 조급증으로 찾아왔다. 자녀 2명은 대학에 다녔고, 돈이 필요했다. 그러다 보니 준비되지 않은 채 식당을 시작했다. 식당을 하면 돈을 벌 수 있다는 자기 최면에 빠져들었다. 결과적으로 최악의 선택이 된 것이었다. 돈과 건강을 모두 잃었다.

가깝게 지낸 고향 사람 건물을 임대하면서 그 사람이 운영하는 식당을 그대로 인수했는데 그것이 잘못되었다. 시작한 지 3개월이 지나자, 건물주는 "식당 주방을 함께 쓰자"라며 요구해 왔다. 도저히 이해할 수 없는 행태를 보이며 잦은 협박을 해 왔다. 그 갈등은 끝없는 법정 다툼으로 이어졌으며 사람을 피폐하게 만들었다. 사람이 악마라는 생각이 들었다. 돈 앞에서 악마의 모습으로 변해가는 그 사람에게서 진저리를 쳤다. 상식적으로 이해할 수 없는 행위였다. 식당을 시작한 지 10개월, 모두 다 포기하고서 악마에게서 벗어날 수 있었다. 가진 게 없으니 잃을 것도 없어진 것이다. 그러나 건강을 잃으니, 희망이 사라진 듯했다.

아내의 눈물, 말 없는 격려에 새 삶을 살 수 있다는 희망을 품게 되었다. '덤으로 받은 생명 누군가를 위해 쓰겠다.'라고 다짐했다. 어머니의 유지를 받드는 길이기도 했다. 어머니는 살아생전 이웃에 사랑으로 나눔을 베푸신 분이었다. 비로소 그분의 길을 가기로 한 것이다.

건강을 회복하기 위하여 필사적으로 노력했다. 술을 끊으면 아픈 몸이 치유될 것 같았다. 그러나 술친구와 관계 단절이 힘들었다. 평소 술과 일상생활은 불가분의 관계라 생각하며 사회생활을 했던 나. 술친구들과 단절하기 위하여 원주를 떠나기로 하고 지인의 도움으로 강원 화천지역에 취업, 8년을 주말부부로 생활했다. 은둔에 가까운 생활을 하면서 건강은 95% 이상 회복되었다. 급성신부전으로 쓰러진 후 11년 술 한 모금도 마시지 않았다. 술을 끊으니, 건강은 눈에 띄게 회복되었다. 지금 건강관리를 위해서 처방 약과 어떠한 건강보조식품도 먹지 않는다.

나는 커뮤니티 보살핌에 관심이 있다. 이를 실천하기 위하여 2017년 통신대학교 가정복지과에 편입하여 전문적인 교육을 받았다. 어르신 상담을 위하여 노인 상담사, 심리상담사, 가족 심리상담사를 취득하였다. 또한, 요양보호사 자격까지 취득하여 사회종합복지관에서도 봉사할 수 있게 되었다. 때에 따라선 청소년과 일반인에게도 심리상담을 무료로 해주고 있다.

2021년 10월부터 「마을 리더」 활동하면서 세 분과 인연을 맺었다.

어르신과 대화하다 보면 가장 힘들어하는 것은 '가족과 주변의 무관심과 외로움'이다. 말하지 못해서 가슴앓이하며 화가 골수에 미친(화병) 분이 많다. 이분들의 말을 들어 주는 것만으로도 대단한 치유 효과를 보고 있다. '사랑 나눔 짜장' 무료 급식소를 찾아온 어르신들의 경우 대부분 이런 유형이다. 이분들에게 짧게는 5분, 길게는 30분까지 말벗을 해주었다. 말을 끄집어내기까지는 인내가 필요했다. 지금은 어르신들과 자연스럽게 대화하며 말벗을 해주고 있다. 이러한 경험은 세 분께 쉽게 접근할 수 있었으며, 긴밀한 관계를 유지하고 있다.

한 분은 칠십 대 초반으로 폐 질환을 앓고 있어 80% 이상 폐 기능을 상실한 분이다. 대화와 10m 걷기도 힘들어 보조 산소호흡기에 의존하고 있었다. 집에 방문하여 희망을 잃지 않도록 격려하고, 수시로 메신저를 통하여 관계를 유지하고 있다. 안타깝게도 2022년 6월 코로나19에 감염되었고, 면역력이 떨어져 암이 발생하여 수술까지 해서 최악의 상황을 유지하고 있다.

또 한 분은 말초신경 장애를 앓고 있는 60대 초반의 요양급여를 받을 수 없는 나이의 어르신이다. 척추 장애가 있어 제대로 걸을 수 없었고, 고혈압, 당뇨 질환이 있는 분이다. 행동이 부자연스러워 병원 진료 이외에 거의 밖에 나오지 않는 은둔에 가까운 생활을 하고 있었다. 그러다 보니 대인관계는 거의 단절된 상태로 우울증까지 겪고 있었다. 2년 가까이 말벗 돌봄을 하면서 많은 변화를 보여주었다. 주 1회 이상 방문은 물론 매일 10분 이상 전화 상담과 말벗을 하고 있다. 처음에는 안부를 물으려고 내가 전화했지만, 지금은 먼저 전화해서 일상의 시시콜콜한 이야기까지 다 해준다. 우울증은 많이 개선되었고, 외출하는 횟수도 늘었다.

마지막 한 분은 22년 11월부터 인연을 맺은 분이다. 뇌졸중으로 쓰러진 60대 초반으로 요양급여를 받을 수 없는 소외된 분이다. 다행스럽게 뇌졸중 후유증은 심각하지 않아 일상생활은 지장이 없는 상태지만, 중증의 당뇨와 고혈압, 넓적다리관절 질환과 치아가 모두 망가져 있었다. 재산 전부를 사기를 당했고, 은행 보증이 잘못되어 금융거래가 어려운 실정이었다. 처음 만났을 때 그분이 했던 말이 "자살을 하는 사람을 이해할 수 없다. 힘들어도 노력하면 살길이 있는데"라고, 본인이 어려움을 겪고 있으면서 원망하지 않고, 긍정적인 생각과 생활을 하고 있었다. "생활이 된다면 봉사하며 살겠다."라는 말에 나도 공감했으며, 도와주고 싶었다. 조금만 도와주면 반드시 재활할 수 있다는 생각이 들었다. 따라서 재활할 수 있도록 말벗 돌봄을 하기로 했다. 독지가 한 분에게 도움을 요청했고, 도움을 받아 치아를 해 넣기로 했다. 그리고 한의원의 도움으로 주 3회 넓적다리관절 치료를 받을 수 있게 해주었다. 뇌졸중으로 쓰러지기 직전까지 중식 요리사였다. 치아와 넓적다리관절 치료가 끝나면 '사랑 나눔 짜장' 무료 급식소 회장님의 협조로 이른 시일에 이분을 위해 조그마한 중식당을 차리기로 했다.

건강이 허락되는 순간까지 나눔과 봉사는 계속될 것이다. '내가 가는 길이 힘은 들지만, 누군가는 나의 손길과 도움을 받아 행복해진다.'라는 믿음을 갖고 있다.
누군가가 해야 한다면 내가 먼저 하는 것이 보람도 있고 행복을 찾아가는 것이 아닐까?

통장統長의 의미와 보람

나는 원주시 단구동 6통장으로 2022년 1월 임명되어 3년째 활동하고 있다. 임기는 2년으로 2023년 12월 임기가 끝나고, 2024년 공개선발 규정에 따라 선출된 2선 통장이다. 단구동의 인구는 2023년 기준 5만여 명으로 전국 2개 지역에 시범으로 운영하는 대동大洞으로 시청의 업무를 분담하는 행정관청이다. 강원도 몇몇 군 단위 인구보다 많으며, 61개 통으로 조직되어 있다.

통統의 법적 근거는 행정동의 하위 행정구역으로, 설정과 조직은 자치단체의 조례에 따르며, 통장의 임기, 선출 방식, 급여, 업무는 지역에 따라서 다르다.

2년 동안 통장으로 일을 하며 경험한 것은 신뢰를 바탕으로 다양한 일을 맡아 처리했다. 공무원은 아니지만, 공무원의 공무 보조업무를 대리하여 일하면서 활동비 지원을 받고 공무를 수행하는 것이 대표적이다. 주민과 주민센터 사이에서 직접 접촉하여 소통할 뿐만 아니라, 주민의 의견을 주민센터에 전달하고, 주민센터의 시정이나 정보를 주민에게 전달하는 연결고리가 되어 주었다.

마을의 공공복리와 공동체 활성화, 마을 축제나 행사 주관, 주민 간 화합, 이웃 간 갈등을 조정하고, 주민의 안전을 위한 활동 등 주민들의 삶과 밀접하게 관련된 일을 한다. 이를 위해 항시 주민과 원활한 소통을 위해 노력하며, 주민 의견을 적극적으로 수렴하여 마을 발전에 도움을 주는 통장으로 역할을 다하고 있다. 이권이 개입되지 않고, 이해관계가 없는 민원의 경우 통장이 개입하면 대부분 처리되는 경우가 많았다. 이것이 '통장의 힘'이라고 말할 수 있다.

통장의 일을 더 넓혀서 '지역 사회 통합 돌봄'이라는 개념, 즉 돌봄이 필요한 사람이 자택이나 재활센터에 거주하면서 지역 사회의 관리 및 보건, 복지서비스를 제공받는 시스템을 이루기 위해서 통장의 중요성이 강조되고 있다.

주민의 참여와 협력을 바탕으로 마을의 문제를 해결하고, 공동체를 활성화하는 데는 통장의 역할이 매우 크다. 따라서 통장이 적극적으로 개입하여 일해야 한다는 생각을 해본다.

이러한 통장의 자질은 봉사 정신이 투철하고 신망이 있으며, 해당 지역 내 주민등록이 되어 있고 실제 거주해야 할 뿐만 아니라, 주민들의 신뢰와 협조를 이루어 낼 수 있어야 한다.

　통장을 하게 된 동기는 단순하게 시작되었다. 전임자의 권유를 받았으나 별 관심이 없었다. 몇 번을 적임자라는 간절한 설득이 있어 수락하게 되었고, 주민의 동의서를 받아 주었다. 같이 주민 동의서를 받으면서 통 지역을 살펴보니 막막하기만 했다. 구 도심지역으로 한바탕 재개발 열풍이 휩쓸고 지나갔고, 무산되면서 주민들의 갈등, 화합과 소통에 애로사항이 있어 임무 수행이 어렵다고 판단했다. 이러한 상황이 심각한 고민에 빠지게 되었다. 두 번 더 지역을 살펴본 뒤, 이왕 시작하기로 하고 지원서를 주민자치센터에 접수했다.

　다른 통 지원자 3명이 같은 날 면접을 봤다. 면접 보는 날 혼쭐이 났다. 지역에 '단수 지원'이라 형식적인 절차라 생각하고, 준비하지 않고 면접에 응한 것이 잘못되었다. 면접장에 들어서니 면접관 7명이 앉아 있었고, 이에 깜짝 놀라 긴장하고 있었다. 갑자기 머릿속이 하얘지면서 정신적 혼란이 찾아왔다. 면접은 20분 정도 진행이 되었고 아무 생각도 없었다. 20여 분이 2시간처럼 느껴졌다. 추운 겨울이었지만, 등줄기에는 땀이 흐를 정도로 긴장했다. 어느 한 분이 마지막으로 "할 말이 없느냐?"라는 질문에 "내 한 몸 희생과 봉사는 누군가는 도움을 받아 행복해질 것이다. 이러한 믿음으로 통장 일을 하겠다."라는 취지로 답변했다. 면접장을 나오면서 떨어졌다는 자괴감과 후회가 찾아들면서 얼굴이 화끈거렸다. 선발은 기대하지 않았으며 포기하고 있었는데, 일주일이 지나니 주민자치센터에서 합격했다는 연락이 왔다.

　이러한 과정을 거치며 통장으로 임명되어 업무를 시작하게 되었다. 이날 다른 지역 통장 3명이 각 단수 지원했는데 2명 선발되었고, 1명은 탈락하였다. 지금까지도 당시 면접관들이 누군지 모르고 지냈다. 굳이 알 필요가 없었기 때문이었다.

　내가 관리하는 통 지역은 구 도심지역으로 도시 슬럼화가 일어나고 있는 지역이다. 어르신 단독가구와 고령화로 도움이 필요한 분이 많이 계신다. 가장 먼저 한 일이 복지 사각지대에 계신 분들을 발굴하여 주민자치센터와 지역사회복지관에 협조하여 도움을 받게 해주는 일이었다.

　통장 일을 하기 전 '밥상공동체 종합복지관'에서 '마을 리더'로 활동하고 있었다. '마을 리더'란 지역 내 복지 사각지대에 계신 분을 찾아내, 1주일에 1회 이상 찾아다니며 안부를 확인하고, 말벗해 줌으로써 삶의 질을 높여 주는 역할을 하는 사람이다.

　이와 관련 80대 할머니 한 분을 '밥상공동체 종합복지관'에 연결하여 주었으며, '마을 리더'가 지정되어 말벗해 줄 수 있었다. 이후에 방문 요양 보호까지 받을 수 있도록 해주었다. 이분의 경우 복지 제도에 대해선 주변에 들은 소문 이외에 아는 바가 없었다. 그러다 보니 지금까지 복지혜택을 받지 못하고 있었다. 이 같은 경우는 주변에 흔하게 볼 수 있다. 정상적으로 받지 못한 분을 찾아서, 많은 분에게 혜택이 돌아가게 해주는 일이 통장의 역할이 아닌가 생각하게 된다. 2년 동안 이런저런 연유로 복지 사각지대에 계신 8명을 찾아내 주민자치센터에 보고해서 지원을 받을 수 있도록 해주었다. 이러한 일들이 통장의 보람으로 돌아오고 있다.

2024년 2기 통장을 하면서 이루려는 꿈이 있다. 마을 슬럼화를 예방하는 활동을 하고 싶다. 대화와 소통이 부족하고 교류가 없는 주민들을 상부상조하는 마을로 만들어, 마을의 문제점을 주민들 스스로 해결해 가는 마을로 만들고 싶다.

어린 시절 동네 길목에는 '점방'이라 불리는 가게가 있었다. 이 점방에서 일어나는 일은 다양했다. 말 그대로 마을의 사랑방이었다. 끼리끼리 모여서 막걸리 한잔에 개인과 마을 일, 나랏일까지 칭찬하고 비판하며 결론까지 내린다. 수시로 남녀노소가 모여 정보교류의 장소가 되기도 했다. 마을의 대소사가 거론되면 다양한 의견이 나오고 결론이 나올 때까지 계속된다. 단구동 6통 지역에 이러한 기능이 있는 가게를 만들어 주민 소통의 장소를 만들어 사교의 장, 마을의 당면한 문제 의견교환, 살아 움직이는 마을을 만들고 싶은 소망이다.

'우리 동네 점방'이라는 이름으로 주민들이 부담 없이 아무 때나

끼리끼리 모일 수 있는 장소가 되는 것이다. 자연스럽게 시정을 홍보하고, 공유하는 사랑방 기능과 주민의 다양한 의견을 수렴하고 소통과 사교의 장이 될 수 있다. 지역의 소상공인을 참여시켜 협동조합 형식으로 운영된다면 낙후된 마을은 살아 움직이는 마을로 변할 것이고 안정될 것이다.

복지 사각지대에 놓여 있는 이들을 자연스럽게 찾아낼 수 있게 되어, 복지혜택을 지원받아 모두가 행복해지는 마을이 될 수 있다.

2기 통장 임기 2년 동안 꼭 이루고 싶고, 이루어진다면 진정한 보람이 되며, 행복을 찾아가는 길이 될 것이다.

수필隨筆의 멋과 아름다움

　문학에 대한 지식이 거의 없는 내가 글을 쓰기 시작하면서 가장 많이 던진 질문은 '나는 제대로 가고 있는 걸까?'였다. 글쓰기의 방향은 맞는지, 어떤 장르를 선택해야 하는지조차 알 수 없었다. 시, 시조, 수필, 소설… 그 개념들이 낯설게 느껴졌다. 산문과 수필은 같은 것일까? 에세이와는 또 어떻게 다른 걸까? 여러 동료에게 물어보았지만, 명확한 답을 얻기는 어려웠다.

　처음으로 글과 인연을 맺게 된 곳은 창작 동아리 '글샘'이었다. 이곳에서 나와 같은 고민을 안고 있는 사람들을 만났다. 흥미롭게도 '글샘'에는 가르치는 선생님이 따로 없었다. 모든 회원이 동시에 선생님이자 학생이었다. 우리는 각자 1,500자 내외의 글을 써서 공유하고, 서로 의견을 나누며, 방향성을 이야기하고, 문장 구성과 오·탈자를 바로잡아 갔다. 이렇게 글을 완성해가는 과정에서 나도 작가로서 한 걸음씩 성장할 수 있었다.

1년이 지나자, 혼란스러웠던 개념들이 하나씩 풀리기 시작했다. 여러 글쓰기 장르 중에서 나는 수필, 혹은 에세이를 선택했고, 공부를 시작했다. 법정 스님, 박완서, 장영희 선생님의 글을 탐독하며 그들의 문장을 본보기로 삼았다. 특히 장영희 선생의 《문학의 숲을 거닐다》는 내 첫 번째 수필집 《예순, 내 인생 나도 잘 몰라》의 문장 구성에 큰 영향을 미쳤다.

그러나 책을 준비하는 과정에서 나는 자신도 모르게 오류에 빠져들었다. 법정 스님과 박완서 선생님의 글을 너무 많이 읽다 보니, 그들의 문체를 무의식적으로 흉내 내기 시작한 것이다. 초고를 다시 읽어보니, 도대체 이게 내 글인지 그분들의 글인지 구분이 되지 않았다. 나의 글이 아닌 타인의 글처럼 느껴졌고, 정신적으로 혼란에 빠져 더는 글을 쓸 용기가 나지 않았다. 하지만 그 꿈을 쉽게 포기할 수는 없었다. 내 이름으로 된 책 한 권을 출간하는 것이 나의 오랜 소망이었기 때문이다.

그래서 나는 다시 마음을 가다듬고 초고를 읽어 내려갔다. 이번에는 그들의 문체를 벗어나 오롯이 나만의 글을 써보자고 결심했다. 완성된 글은 그들의 글에 비하면 부족했지만, 그것은 비로소 내 글이었다. 나만의 색을 찾아가는 과정은 그토록 힘들었지만, 그만큼 값진 것이었다.

이제는 두 번째 수필집 《끝나지 않은 청춘의 향기》를 준비 중이다. 여전히 '내가 올바른 방향으로 가고 있는가'라는 질문이 나를 따라다닌다. 그러던 중 서정적 수필의 대가 피천득 선생님의 《수필》을 접했다. 그의 글을 읽는 순간, 그동안 내 마음속에 맴돌던 많은 질문이 해결되기 시작했고, 머리가 맑아지는 기분을 느꼈다.

피천득 선생님은 수필에 대해 이렇게 썼다.

> "수필은 청자연적 靑瓷硯滴이다. 수필은 난 蘭이요, 학 鶴이요, 청초하고 몸맵시 날렵한 여인이다. 수필은 그 여인이 걸어가는, 숲속으로 난 평탄하고 고요한 길이다… 수필은 마음의 산책이다. 그 속에는 인생의 향기와 여운이 숨어있다."

또한, 선생은 수필을 청춘의 글이 아닌, 중년의 고개를 넘어선 사람의 글이라 했고, 한가하면서 나태하지 않고, 산만하지 않으며, 우아하고 찬란하지 않은 산뜻한 문학이라 했다. 무엇보다도, 수필은 쓰는 사람을 가장 솔직하게 나타내는 문학 형식으로 독자에게 친밀감을 주고 친구에게서 받은 편지와 같다고 했다. 또한, 수필의 재료는 생활 경험, 자연 관찰, 인간성이나 사회 현상의 새로운 발견 등 무엇이든 상관없으며, 작가의 독특한 개성과 그때의 심정心情에 따라 '누에의 입에서 나오는 액이 고치를 만들 듯이' 쓰는 글이 수필"이라고 《수필》에서 강조하고 있다.

나는 그의 글에서 수필의 본질을 다시 한번 깨달았다. 수필은 정열적이거나 격정적이지 않은 삶의 한가운데에서 차분히 걸어나가는 글로, 내면의 솔직함이 담긴 글이라고 생각한다. 피천득 선생님은 수필을 '독백'이라고 표현했다. 소설이 여러 인물의 목소리를 담는다면, 수필은 오직 한 사람, 즉 나 자신의 목소리를 드러내는 장르다. 나는 그 말에서 다시금 글쓰기의 방향을 잡을 수 있었다.

두 번째 수필집을 준비하면서 나는 이제 더는 완벽한 글을 추구하지 않는다. 오히려 글 속에서 나 자신의 결점과 불완전함을 드러내는 것을 두려워하지 않기로 했다. 마치 청자연적의 완벽한 연꽃 모양에서 한 잎이 살짝 꼬부라져 있는 것처럼, 내 글 속에도 그런 '파격'이 있을 수 있음을 받아들였다. 그 파격은 오히려 글을 더욱 인간적으로 만들고, 나만의 개성을 드러내게 해 준다.

수필은 마음의 여유가 필요하다. 하지만 우리는 때로 그 여유를 억지로 가지려다 오히려 초조함에 휘둘리곤 한다. 그럴 때마다 나는 피천득 선생님의 글을 다시 꺼내 읽는다. 그 글 속에서 다시금 내가 나아갈 길을 찾으며, 글쓰기의 기쁨과 슬픔을 동시에 경험한다.

나의 글은 여전히 부족할지도 모른다. 그러나 이제는 그것이 내 글이라는 것만으로도 충분하다. 그것이 바로 나의 수필이니까.

백운산 '벚꽃 문학기행'

　원주는 아름다운 자연을 간직하고, 다채롭게 즐길 수 있는 고장이다. 치악산국립공원인 치악산을 중심으로 오른쪽에 매화산, 왼쪽의 백운산이 병풍처럼 둘러싸여 있어 경관이 아름답고, 자연재해가 적은 곳이다. 근교 어디를 가든지 빼어난 계곡이 많아 사계절 다른 모습을 볼 수 있는 즐거움이 있다. '용수골 계곡'이라 불리는 백운산 계곡도 그중 한 곳이다. 봄에는 화려한 꽃을 보며 즐기는 여유로움, 여름에 느끼는 시원한 물과 바람, 가을은 수려한 단풍이 눈을 즐겁게 하고, 겨우내 눈으로 덮여있어 보는 이의 마음을 설레게 한다.

　2023년 4월 초, 이른 봄이지만 날씨의 변덕 특히 기온의 변화가 심했다. 말 그대로 꽃샘추위가 심술을 부리며 오는 봄을 시샘하다가, 강한 봄비를 뿌리기도 했다. 이러한 상황이라 벚꽃이 언제 필 것인지 가늠조차 할 수 없었다.

'원주글샘'에서는 봄과 가을, 꽃구경과 단풍 구경을 겸해서 '문학기행'을 다니고 있다. 올해 봄, 원주 근교의 벚꽃 길을 걷는 것으로 하여, 4월 첫 주 토요일에 일정을 잡았다.

유난하게도 날씨의 변덕이 심해 지역마다 벚꽃 개화 시기가 달랐다. 남쪽에서 올라오는 벚꽃은 1주일 정도 일찍 피기 시작하여, 올라오는 속도도 빨랐다. 그런데 원주 지역에도 3월 말 갑자기 피기 시작하더니, 때맞춰 강한 비바람이 불어 일찍 핀 꽃잎이 절반 이상 떨어지게 되었다. 그러다 보니 제대로 된 벚꽃 구경도 하지 못하고 지나가 아쉬움이 많이 남은 '문학기행'이 된 것이다.

어느 날, '글샘' 단톡방에 한 장의 그림이 올라왔다. '백운산 계곡'이라며 올라온 사진에는 벚꽃이 활짝 피어 있었으며, 아름답고 평화로운 모습이 마음을 설레게 했다. 아니나 다를까?, 순발력이 빠른 사무국장이 회원 단톡방에 긴급 공지를 올렸고, 둘째 주 토요일 '백운계곡 문학기행'을 떠나자는 내용이었다. 이날 나를 포함하여 회원 7명이 함께한 '문학기행'이 되었다.

아침 8시 원주시립 중앙도서관에 모여 백운계곡으로 출발하였다. 이동시간이 30여 분 되는데, 30분이라는 시간이 너무 짧았다. 사무국장의 제주도 가족여행 후일담에 귀가 즐거웠다.

내용인즉 "제주도 여행을 마치고 귀가하는 당일, 제주도는 폭풍우가 내려 제주공항은 육지로 가려는 사람이 몰려 아수라장이 되었다고 한다. 모든 항공기의 이착륙은 중지되었고, 공항 내 승객은 공황 상태로 빠져든 것이다. 시간이 지나 오후 늦게서야 비바람이 잦아들기 시작하면서, 선별적으로 국적사 항공기 이륙이 허용된 것이다. 문제는 민간 항공기 탑승권을 가진 승객이다. 일요일 당일 출발이 불가능한 상황이 된 것이다. 그 가족은 모두 열일곱 명으로 절반 이상이 월요일에 출근해야 하는 상황이라 다급해지기 시작했다. 여기서도 사무국장의 순발력 있는 기지가 발휘되기 시작해, 가족 모두를 원주에 안전하게 도착시켰다."라고 말했다. 특유의 입담으로 무용담처럼 들려주는 이야기에 취해 있는 사이에 어느덧 백운계곡 입구에 도착했다.

 4월 초, 청명하고 알맞은 기온이 등산하기에 안성맞춤인 전형적인 초봄 날씨를 보여주고 있었다. 계곡에서 불어오는 잔잔한 바람이 신선하게 다가오면서 나의 감성을 자극했다. 도심지의 벚꽃은 거의 지고 가지에는 푸릇푸릇한 싹이 돋아나고 있으나, 백운계곡의 벚꽃은 골바람으로 시가지와 기온 차이가 있어서인지 이제야 활짝 피어나고 있었다.

 산들산들 부는 바람에 꽃눈이 나풀나풀 춤을 추며 내리기도 했다. 이러한 모습에 회원 모두가 환호하며 마음껏 자연의 아름다움을 즐기고 있었다. 지난주, 제대로 된 꽃구경을 하지 못한 회원들은 아쉬움을 떨쳐내듯 카메라에 담아내기에 열중했다. 나무 사이사이로 비치는 햇살이 내 마음의 정곡을 찌르며, 젊은 감정이 솟아나 마음이 덩달아 춤을 추고 있었다. 1km의 꽃길이 짧게 느껴지는 거리였다.

꽃길이 끝나자마자 자갈 흙길이 눈 앞에 펼쳐지고 있었다. 반가움에 나는 맨발로 걷기 시작하여 8km를 걸었다. 초보자가 걷기에는 어려움이 있는 길임에도 마다하지 않고, 잠깐 사무국장이 함께해 주었다.

잠시 휴식 시간이 되어, 우리는 제법 넓은 공터를 찾아 삼삼오오 휴식을 즐겼다. 순간 많이 들었던 음악이 흘러나오기 시작했다. 국민체조 음악이었다. 작년 9월 '섬강 자작나무숲 문학기행'에서 일어났던 숲속에서 국민체조의 모습이 떠올랐다. 그때도 참여한 회원 모두가 음악에 맞춰 국민체조를 하면서 유쾌하고 즐거움이 가득한 시간을 보냈던 기억을 잊을 수 없었다. 오늘 역시 그날 못지않은 즐거움을 가져다주었다.

한참을 오르다 보니 시간은 정오가 지나고 있어 정상까지 오르기엔 어려움이 있었다. 1시간 이상 더 걸어야 할 뿐 아니라 허기가 진 상태에서 걷는 게 무리가 따르고 있었다. 회원 모두의 의견을 모아 8부 능선에 있는 정자각 휴게소에서 쉬었다 내려가기로 하고, 아쉬움을 뒤로 하면서 산행을 마무리했다.

여행에서 즐거움이 있다면 먹는 즐거움을 빼놓을 수 없다. 누군가 백운산 계곡 초입에 있는 '다슬기 해장국'이 맛있다는 제보가 있어서 만장일치로 점심을 그 식당에서 하기로 했다. 오후 1시가 넘은 늦은 점심인데도 아직 많은 손님이 식사하고 있었다. 모두 다슬기 해장국으로 주문했고, 추가로 '까먹는 다슬기'를 추가했다.

순간 어머니 모습이 떠올랐다. 어머니는 약주를 즐기시던 아버지를 위해 다슬기 삶은 물에 술국을 끓여 주시곤 했다. 그리고 삶은 다슬기는 자식에게 몸에 좋다면서 내어 주셨다. 그때의 맛을 느끼며 생전 어머니의 모습을 그릴 수 있었다.

'다슬기 해장국' 맛은 소문대로 괜찮았으며, 모두 만족한 점심이었다.

아름다운 봄날, 늦은 점심을 끝으로 백운산 '원주글샘의 벚꽃 문학 기행'은 마무리되었다. 오후의 봄날 햇살은 포근하면서 따가울 정도로 눈부시고 아름다웠다. 우리 모두에게 축복을 내려주는 것 같았다.

사랑하는 사람 발 씻겨 주기

발을 씻겨 주는 의미의 핵심은 '겸손과 사랑, 구원과 축복'이라 할 수 있다. 예수님이 12명의 제자에게 발을 씻겨 주고 발등에 입맞춤을 해주었던 의식에서부터 시작하고 있다. 요한복음에 기록된, 예수님이 발을 씻겨 준 이유는 제자들도 서로의 발을 씻겨 주도록 모범을 보여 주기 위해서였다. 고대 팔레스타인 지방에서는 주인이 밖에 나갔다 들어오면 종은 주인의 발을 씻겨 주는 관례가 있었다. 따라서 예수님도 스스로 종이 되어 제자의 발을 씻겨 주었으며 "너희는 서로 종이 되어야 한다."라는 구원과 축복을 내리는 가르침을 주었다.

가톨릭의 역대 교황은 로마 교황청에서 12명의 제자의 발을 씻겨 주는 행사를 해오고 있다. 현 프란치스코 교황은 매년 성목요일에 교도소, 난민센터, 노인 요양원 등을 방문해 세족례를 진행하고 있다.

겸손과 사랑을 실천하며, 구원과 축복을 주는 행위라 할 수 있다.

종교의식을 떠나 발을 씻겨 주는 행위는 신선하고 진심을 전해주는 한 방법이다. 도움이 필요하고 도움을 받고 싶을 때도 무언의 마음을 전달해 주는 대화일 수 있다.

가족의 발을 씻겨 주는 것은 자연스러운 신체접촉이며, 가족 구성원의 공감 능력과 유대를 강화하고, 아이에게 영원히 잊지 못할 추억을 만들어 주는 계기가 된다.

발을 씻기는 행동을 스스로 하는 것이라면, 이는 자기 돌봄과 정화의 필요성을 나타내는 것이다. 발이 더러워진 상태로 머물러 있는 것은 우리의 마음이나 몸이 정화되지 못하고 있다는 의미가 된다. 따라서 부정적이거나 해로운 자극을 제거하고, 더 나은 상태로 다시 시작하고자 하는 의지를 전해주는 것이라 할 수 있다.

어느 종교 단체에서 '사랑하는 사람의 발을 씻겨 드리기 운동'이 있었으며, 이때 많이 인용된 글이다.

어느 회사 면접장에서 회사의 대표가 지원자에게 물었다.

"부모님에게 목욕시켜 드리거나 발을 씻겨 드린 적이 있습니까?"

"한 번도 없습니다." 정직하게 대답했다, 사장은 다시 물었다.

"그러면 부모님의 등을 긁어드린 적은 있나요?" 그는 잠시 생각했다.

"네, 제가 초등학교 다닐 때 등을 긁어드리면 어머니께서 용돈을 주시곤 했습니다." 청년은 입사 시험에 떨어지는 것은 아닌지 노심초사하고 있었으나, 사장은 아랑곳하지 않고 "내일 이 시간에 다시 오세요. 하지만 한 가지 조건이 있습니다. 한 번도 부모님의 발을 씻겨 드린 적이 없다고 하셨죠? 내일 여기 오기 전 어머니의 발을 꼭 씻겨 드리면 좋겠습니다. 할 수 있겠어요?" 반드시 취업해야 했으므로 꼭 그렇게 하겠다고 대답했다.

아버지는 어렸을 때 돌아가셨고, 어머니가 품을 팔아 대학까지 학비를 댔다. 어머니의 바람대로 일류대학에 합격했고, 많은 학비를 어머니께서는 한 번도 힘들다는 말 한마디 한 적이 없이 지원해 주었다. 이제 자신이 돈을 벌어 어머니 은혜에 보답할 차례라고 생각하며 어머니를 기다렸다.

밤늦게 집에 돌아온 어머니는 아들이 "발을 씻겨 드리겠다."라고 하자 의아하게 생각하며 거절했다. 그러자 청년은 오늘 면접장에서 있었던 이야기를 전해주었다.

"어머니, 오늘 입사 면접을 봤는데 사장님께서 어머니 발을 씻겨 드리고 다시 오라고 했어요. 오늘 꼭 발을 씻겨 드려야 해요" 그러자 어머니의 태도가 금세 바뀌었다. 두말없이 의자에 걸터앉아 세숫대야에 발을 담갔다. 청년은 조심스레 어머니의 발등을 만져보았다. 태어나 처음으로 가까이서 만져보는 발이었다. 자신의 하얀 발과 다르게 앙상한 발등이 나무껍데기처럼 눈에 들어왔다.

"어머니, 그동안 저를 키우시느라 고생 많으셨지요? 이제 제가 그 은혜를 갚을게요."

"아니다, 고생은 무슨…."

어머니의 발바닥을 어루만지는 순간 말문이 막혀 숨이 멎을 것만 같았다. 발바닥은 시멘트처럼 딱딱하게 굳어 있었다. 도저히 사람 피부라고 할 수 없었다.

어머니는 아들의 손이 발바닥에 닿았는지조차도 느끼지 못한 것 같았다. 굳은살 때문에 전혀 감각이 없었다. 아들의 손은 가늘게 떨렸으며 고개는 더 깊숙이 숙어졌다. 그리고 울음을 참으려고 이를 악물며 새어 나오는 울음소리를 간신히 삼키고 삼켰다. 하지만 어깨는 들썩이고 있었으며, 그때 어깨 위에 어머니 손길이 부드럽게 다가왔다. 아들은 어머니의 발을 껴안고 목을 놓아 울기 시작했다. 다음날, 다시 만난 사장에게 말했다.

"어머니께서 저 때문에 얼마나 고생했는지 이제야 알았습니다. 학교에서 배우지 못했던 것을 깨닫게 해 주셨습니다. 정말 감사드립니다. 사장님이 아니었으면 저는 어머니의 발을 살펴보거나 만질 생각은 평생 하지 못했습니다. 저에겐 소중한 어머니로 존경합니다" 사장은 미소를 지으며 조용히 말했다. "인사부에 가서 입사 절차를 받도록

하게"

당시 분위기에 휩싸여 아내의 발은 씻겨 준 기억은 있으나, 어머니의 발을 씻겨 드린 기억은 없다. 지금은 어머니께서 계시지 않기 때문에 아쉬움이 남는다.

"아이! 갑자기 왜 이래, 안 하던 일을 하고 그래" 아내의 말에 아랑곳하지 않고 "오늘 발을 씻겨 주고 싶어서" 따뜻한 물이 담긴 대야에 아내의 발을 담근다. "간지러워, 살살해" 싫지 않은 표정으로 엄살을 부린다. 조그맣고 앙증맞은 발이다.

고생의 흔적이 고스란히 남겨져 있다. 발바닥은 굳은살이 박여 있었고, 발등은 나이 탓도 있지만, 쭈글쭈글한 모습에 맘이 짠하기만 했다.

나는 사는 동안 하고 싶은 일들이 몇 가지가 있는데, 그중 하나가 사랑하는 이의 발을 씻겨 드리는 것이다. 부모님은 계시지 않기 때문에 아쉬움이 많이 남는다.

주위에 가장 존경하고 사랑하는 분이 있다면, 용기를 내서 발을 씻겨 주는 것은 아름다운 세상을 만드는 데 도움이 될 것이다. 내가 사랑하는 아내와 딸, 사위, 아들과 며느리, 손주에게 기회가 되는 대로 발을 씻겨 주고 싶다.

세상에는 이런 사람이 있습니다.

여러분에게 옷을 더 껴입으라, 항시 조심하라고 끊임없이 당부합니다.

짜증스럽지만 따뜻함을 느끼게 합니다. 질리지도 않습니다.

돈이 없을 때, 항상 돈 버는 일이 쉽지 않다며 훈계하곤 합니다. 그러면서 돈을 쥐여 줍니다. 이런 사람을 우리는 부모님이라 부릅니다.

부모님의 또 다른 이름은 '희생'입니다. -탄줘잉-

나도 내 인생이 있는데?

"아이고, 나도 내 인생이 있는데, 나도 놀 권리가 있는데, 힘들어 죽겠어." 초등학교 3학년 남자아이가 혼잣말처럼 한 말이다. 처음에는 웃고 넘겼지만, 그 아이의 속내를 알고는 웃을 수 없었다. 어찌 보면 우리나라 초등학생이 처한 현실일 수도 있다는 사실이다. 이 학생이 1주일에 다니는 학원이 여섯 곳이라니 놀라지 않을 수 없었다.

한 초등학교를 중심으로 30여 개의 크고 작은 학원이 몰려있다. 과목도 다양하다. 초등학생을 대상으로 하는 학원가가 조성된 것 같기도 하다.

물론 많은 세대의 아파트가 들어서 있기는 하지만, 너무 많은 학원이 몰려있다는 생각이 들었다. 학년별 수업이 끝나는 시간은 저학년의 경우 1시 40분, 고학년은 2시 30분이다. 수업이 끝나자마자 한창 뛰어놀아야 할 아이들이 학원으로 몰려가는 진풍경을 보곤 한다. 수업이 끝나는 시간이면 학원 선생님, 학부모가 기다리고 있다가 어디론가 아이들을 데리고 간다. 학원 선생님은 한 아이라도 더 수강시키려는 목적일 것이다. 학부모는 안전하게 집으로 데려가기도 하겠지만, 대부분 학원으로 데려간다.

아이들이 학원으로 가야 하는 이유 중 안타까운 예는 학원에 가지 않으면 함께 놀 친구가 없다는 것이다. 학원에 가야만 그래도 친구를 사귈 수 있다는 현실이 서글프다.

학부모의 지나친 교육열 때문에 학원 과외에 가야 한다. 학원 과외는 부족한 성적을 올리는 보충 교육과 특기 교육이 되어야 한다. 그러나 학부모는 왜 선행학습을 요구하는지 모르겠다. 학교 교육은 어떤 경우에도 선행학습은 금지되어 있으며, 이는 공교육의 걸림돌이 되고 있다. 그런데도 학원에 가지 않으면 뒤처진다는 생각에 어쩔 수 없이 보내는 것이 아닐까? 또 다른 이유가 있다면 아이의 돌봄을 위해서 학원에 보내는 예도 있다. 어떤 경우이든 좋아서 다닌 경우를 제외하고 대부분은 스트레스를 받는다는 것이다.

큰손주는 초등학교 1학년이다. 친한 친구가 피아노 학원에 다니다 보니, 놀 친구가 없게 되었다. 결국은 그 친구를 따라서 피아노 학원에 다니고 있다. 손주의 유일한 학원 과외다.

어느 날 오후 3시쯤 귀가하는 3학년 학생에게 "늦게 집에 가는구나. 이제 수업이 끝났니?"라고 물었더니, 그 학생이 하는 말이 "방과 후 교육을 받고 늦었어요."라고 답해 주었다.

초등학교는 학교마다 차이는 있지만, 예체능 과목을 중심으로 특성화되어 있는 방과 후 교육을 한다. 지나친 사교육을 해결할 수 있는 해답이 여기에 있는지도 모르겠다. 학교 안에서는 공부도 할 수 있고, 친구와 뛰어놀 수 있기 때문이다.

학교마다 '방과 후 특성화 교육의 질'을 높인다면 맞벌이 부부의 육아와 경제적인 문제를 어느 정도 해결되지 않을까? 편의주의가 아닌, 교육 프로그램을 학생과 학부모가 원하는 방향으로 다양하게 하여, 학생이 자율적으로 참여하게 해줌으로써 스트레스를 받지 않게 해주는 것도 좋은 방향이다. 그러려면 우수한 선생님이 필요하고, 처우 개선이 우선되어야 할 것이다. 해마다 교육대학을 졸업하고 임용되지 못한 선생님이 의외로 많다. 이들을 적극적으로 활용한다면, 학교 내에서 아이들이 뛰어놀면서 공부할 수 있을 것이다.

우리나라 현실적인 문제라 할 수 있는, 맞벌이 부부의 아이 돌봄, 연 수십조 원이 소요되는 엄청난 사교육비 등을 해소하기 위한 '늘봄교실'도 이러한 취지에서 도입된 것으로 알고 있다. 취지에 맞게 학생과 학부모에게 도움이 되는 방향으로 교육이 이루어졌으면 좋겠다.

1970년대 중고등학교 시절, 경제적으로 어려움을 겪던 나는 과외는 꿈도 꿀 수 없었고, 과외 자체를 몰랐다. 그러나 학교에서 밤 10시까지 운영하던 야간 자율학습이 있었으며, 이 시간에 국어, 영어, 수학 위주로 주 2회 보충 수업을 통해서 부족한 성적을 올릴 수 있었다. 물론 그때에도 과외 학습은 있었다. 지금처럼 학생 대부분이 하는 게 아니라, 부유한 집안의 몇몇 학생 위주로 했다. 지금 생각해 보니, 공부보다 놀았던 시간이 더 많았으면서도 성적은 괜찮은 편이었다.

의무교육을 제외하고 홈스쿨링으로 두 아들을 훌륭하게 키워낸 지인이 있다. 부모가 함께 자녀 교육에 참여하며 방임하지 않고 가정교육에 충실했다고 한다. 아이들의 자존감을 높여주고, 홀로 설 수 있도록 인성과 적성에 맞는 교육을 통해 스스로 일을 찾아갈 수 있게 도와주었다고 한다. 지금 장성한 자녀들은 자신이 하고 싶은 일을 하며 행복해하고 있으며, 그들이 자랑스럽다고 말한다.

최근 수능 만점자였던 한 의대생이 동창인 여자 친구를 살해한 사건이 사회적 문제가 되고 있다. 근본적인 문제가 무엇일까? 성적 만능주의가 아이들을 인성 없는 '공부 로봇'으로 만들고 있지는 않았는지.

두 사례를 보면서 적성에 맞고 인성을 갖추게 하는 교육으로, 홀로 설 수 있도록 해준 교육과 성적 제일주의의 '공부 로봇 교육'이 가져다준 결과가 어떠할지 상상이나 할 수 있었을까에 주목할 필요가 있다.

초등학교 3학년 아이가 '나도 놀 권리가 있다'라는 말의 심각성을 살펴봐야 할 것이다. 내 아이가 뒤처지지는 않을까? 훌륭하게 키워야 한다며 노심초사하는 부모 마음은 이해할 수 있지만, 지나치다 보면 화를 자초할 수 있다. 맑고 밝은 얼굴로 한참 뛰어놀아야 하는 아이의 모습에서 웃음을 볼 수 없으며, 지쳐 보이는 아이를 보면 너무 안쓰럽다. 언제나 마음 놓고 뛰어노는 아이 모습을 볼 수 있을까? 그런 날이 빨리 왔으면 좋겠다.

┃마음을 맑게 하는 지혜 · 3 ┃

분수에 넘치는 욕심은 버려야 한다

[원문] 鼴鼠之婚
　　　　언서지혼

[한자 뜻풀이] 鼴 두더지 언, 鼠 쥐 서, *鼴鼠: 두더지

[해설] 두더지의 혼인이란 뜻, 높은 계층의 사람과 혼인하려 하나 결국은 같은 부류의 사람과 혼인하게 된다는 말이다. '진정한 행복은 탐욕이 없는 마음에서 비롯된다. 꽃에는 향기가 따르고, 진실한 인격에는 행복이 따른다. 행복에 너무 집착하지 말고, 이상의 실현을 위해 살아가면 저절로 행복은 뒤따른다.'

두더지가 자식을 훌륭한 곳에 결혼시키려고 했다. 처음에는 하늘이 최고 높다고 하여 하늘을 찾아가 청혼했다. 하늘이 말했다.

"내 비록 세상 많은 것을 품에 안고 있지만, 해와 달이 아니면 나의 덕이 드러나지 않는다. 해와 달을 찾도록 해라."

두더지는 해와 달을 찾아가 청혼했다.

"하늘의 말과 같이 하늘의 덕은 내가 있으므로 빛이 나는 것은 사실이다. 하지만 내 아무리 하늘을 위하여 빛을 밝히려 해도, 구름이 내 빛을 가려 놓으면 방법이 없다. 내 힘으론 구름을 어찌할 수 없다. 구름이 내 위에 있다."

두더지는 하는 수 없이 구름을 찾았다.

"내 능력으로 해와 달이 빛을 잃는 것은 사실이다. 그러나 바람이 한 번 불면 아무리 움직이지 않으려 해도 움직이지 않을 수 없다. 바람이 나보다 위에 있다."

두더지는 그렇다 싶어 이번에는 바람을 찾았다.

"구름의 이야기는 사실이다. 나의 힘을 당할 순 없지? 하지만 나도 석불石佛은 당할 수 없지. 아무리 힘을 모아 세게 불어도 넘어지질 않아. 아무래도 석불이 내 위에 있어."

두더지는 고개를 끄덕이며, 이번에는 석불石佛을 찾아가 청혼했다.

"바람이 나를 제대로 알아보는구나! 바람이 아무리 세게 불어도 나는 끄떡도 하지 않지! 그런데 두더지가 두려워. 두더지가 내 발밑을 들쑤셔 놓으면 넘어지고 만다. 그러니 두더지를 찾아가 청혼하게나."

이 말에 두더지는 만족스러웠다.

"하늘, 해, 구름, 바람, 석불보다 더 높은 것이 우리 두더지란 말이지! 짧은 꼬리, 길쭉한 주둥이는 우리의 아름다운 최고의 멋이다."

결국, 두더지는 그들의 두더지 세상에서 짝을 찾아 자식을 혼인시켰다.

4부 '아름다운 삶' 또 다른 여정

아름다운 삶은 어떤 삶인지 고민하며 답을 찾아 나선다. 나이가 들어서도 어떤 계획에 의해서 움직이며 실천하는 일이 우선이라 생각한다. 100세 시대에 건강과 일은 최고의 가치라 할 수 있으며, 건강수명을 유지하며 살아가는 삶이 최고의 바람이 아닐까?

삶은 아름다워야 한다

강원 평창에 생태 마을이 있다. 이곳은 황창연 신부가 '자연과 인간이 조화롭게 공존할 수 있도록 숲으로 조성한 마을이다. 사람의 건강한 삶을 위해서는 자연과 조화가 필요하며, 유기농 재배와 재생에너지를 활용하여 농사를 지으면서 환경보호에 앞장서고 있다. 환경운동가인 신부는 도시의 번잡함에서 벗어나 자연과 공존하는 아름다운 삶을 추구하고 있다.

그의 저서 『생명의 숲』을 통해서 생명의 숲 철학을 전파하며, 실천하고 있다. 방문객에게 자연과 자유롭게 공존하며, 마음의 평화를 찾을 수 있도록 공간을 만들어 주면서, 자연과 연결될 수 있도록 기회를 제공하고 있다. 자연과 조화를 이룸으로써 건강을 회복하고 아름다운 삶을 살아가도록 도움을 주는 것이다.

아름다운 삶은 어떤 삶인지 고민하며 답을 찾아 나선다. 나이가 들어서도 어떤 계획에 의해서 움직이며 실천하는 일이 우선이라 생각한다. 100세 시대에 건강과 일은 최고의 가치라 할 수 있으며, 건강수명을 유지하며 살아가는 삶이 최고의 바람이 아닐까?

황창연 신부는 한 강연에서 50대는 120세까지, 60대는 100세까지 살 수 있다고 강조하고 있다. 그러면서 문제는 건강이며, 필요조건이라고 말한다. 건강하게 나이가 들어가면서 하고 싶은 일을 할 수 있다면, 아름다운 삶이 될 수 있을 것이다. 100세 시대 건강법을 함께 고민하면서 어떻게 실천해야 할지 알아보자.

먼저 자주 움직여야 한다. 오래 앉아 있는 시간이 길어질수록 기대수명은 줄어든다. 반면, 신체 활동을 거의 하지 않는 중, 노년기에도 활동량을 늘리면 건강이 향상될 수 있다. 관련 연구에 따르면, 일주일에 3번 30분 이상 활발하게 걷기 운동을 하면, 생리적인 나이가 약 10년 젊어지는 것으로 나타났다.

은퇴한 노인 220명을 대상으로 한 연구 결과, 활발한 신체 활동을 한 사람은 유산소 능력이 12%, 체력과 유연성은 10% 증가한 것으로 밝혀졌다. 나이 들어도 신체 활동이 많을수록 건강 효과는 뚜렷하게 나타나고 있음을 확인할 수 있다. 적극적인 운동뿐만 아니라 일상생활에서 활동량을 늘리는 것도 중요하다.

다음은 먹는 양을 줄이고, 섭취 열량도 줄여야 한다. 관련 쥐 실험에서 보통 섭취하는 열량보다 약 30%를 줄여 식사한 결과, 평균보다 2배 더 오래 사는 것으로 확인되었다. 이렇듯 열량 섭취를 줄이는 것이 인간에게도 장수 효과가 있을지는 논쟁이 있지만, 나이 들수록 열량 섭취량을 줄이는 소식小食이 장수에 도움이 된다는 연구 결과가 더 많이 있다. 노년에 접어들수록 활동량이 줄어든 만큼 섭취 열량을 줄이는 것이 필요하다.

파트너와 함께 더 오래도록 살아야 한다. 미국 하버드 대학교 연구팀에 따르면, 결혼한 남성은 혼자 사는 남성보다 정신적, 신체적으로 훨씬 건강한 것으로 나타났다. 연구팀은 결혼한 남성은 혼자 사는 남성에 비해 훨씬 초기에 암을 발견할 가능성이 높다는 사실을 발견했다. 결혼한 남성은 심장 질환으로 사망할 위험이 46% 낮아졌다고 한다.

건강해지려면 가능한 한 오래 일해야 한다. 스트레스가 많이 쌓이는 일을 하면 일찍 사망할 수도 있지만, 일반적으로 일을 오래 하는 것은 수명을 늘리는 데 도움이 되며, 일찍 은퇴하면 조기 사망 위험을 증가시킨다. 미국 오리건 대학교 연구팀에 따르면, 65세를 넘어서도 계속 일을 하는 것은 장수하는 삶을 의미하며, 은퇴를 늦추면 장수 효과를 누리는 것으로 밝혀졌다. 이는 은퇴 후 사망률에 건강 외 다른 요인이 영향을 준다는 결과를 알려주고 있다. 일에는 경제적인 활동도 있지만, 비경제적 활동도 있다는 것을 알아야 한다.

많이 웃으면 웃을수록 건강해지며 삶은 즐거워진다. 웃음은 기대수명을 늘리는 효과가 탁월하다. 미국 웨인주립대학교 연구팀이 1950년 전에 선수 생활을 시작한 야구선수 230명의 얼굴 카드에서 미소의 강도를 분석한 결과, 가장 크게 웃는 선수의 경우 평균 수명이 79.9세로 나타났다. 또 살짝 미소를 지었던 선수의 경우 평균 수명이 75세였고, 웃지 않았던 선수들은 72.9세였다. 연구팀은 "웃으면 엔도르핀과 세로토닌이 분비돼 염증과 통증을 조절하는 데 도움이 된다."라고 발표했다. 웃음이야말로 강력한 면역증강제로, 기분 안정제 역할을 담당한다. 장수 프로그램에서 웃음 치료가 빠지지 않고 많이 이용되는 이유다.

노년의 행복을 찾아가는 길은 건강하게 생활하는 것이며, 아름다운 삶이라 할 수 있다. 그러나 건강한 삶에 정답이 있을 수는 없다. 생각의 변화와 이를 실천하는 의지가 필요하다. 나름대로 건강을 유지할 수 있는 원칙을 정해 놓고 활동해야 한다. 변화하지 않으면 건강과 행복이 찾아오지 않는다는 것을 항시 명심해야 한다.

아름다운 저녁노을, 황혼

2020년 기준 세계보건기구에서 규정한 새로운 생애주기를 보면, 60대는 중년기, 80대는 장년기, 90대를 노년기라 규정하고 있다. 기존의 생애주기와 비교하면 20년이 젊어지고 있음을 알 수 있다. 그렇다고 보면, 80세를 전후해서도 왕성하게 활동해야 할 나이가 된다.

지금까지 60세를 기준으로 한 3단계 생애주기, 즉 교육받고, 일하고, 은퇴하는 주기와 전혀 다른 개념이 된다. 60세는 은퇴해야 할 나이가 아니라 활발한 활동을 해야 하는 시기가 되는 것이다.

그러나 우리의 현실은 60세 전후하여 대부분 현직에서 은퇴하게 되며, 이후의 삶은 절대 녹록하지 않을 뿐만 아니라 나머지 삶 전체를 어렵게 하고 있다. 말 그대로 일손을 놓고 '백수 놀이'하는 실정이다.

흔히 '구십구 세까지 팔팔하게 살다가 하루 이틀 앓고 사흘 만에 죽는다.'라는 '구구 팔팔 일이 삼사'라는 말이 있다. 이렇게만 된다면 모두가 꿈꾸는 아름다운 황혼이 만들어진 것이다. 그러면 아름다운 황혼을 어떻게 만들어 가고, 누리면 되는 것일까?

100세 시대에 가장 중요한 것은 가치변화에 대응하는 것이다. 아름다운 황혼을 위해서는 변화가 필요하며, 변화하지 않으면 이룰 수가 없다고 생각한다. 건강과 일은 100세를 살기 위한 최고의 가치라 할 수 있다. 건강하지 않으면 부귀영화는 물론 아무것도 누릴 수 없게 된다.

수명이 짧았을 때는 은퇴 후를 대비하여 금융자산이 가장 합리적이었다. 그러나 수명이 늘어나게 되면서, 금융자산뿐만 아니라 평생 일을 하는 데 필요한 건강과 건전한 인간관계 형성이 중요한 가치가 되어가고 있다. 따라서 이를 이룰 수 있는 인식 전환이 필요하게 되었다.

지금까지 유지해 온 3단계 삶, 교육을 받고, 취업해 경제적인 활동과 노후 준비, 그리고 은퇴라는 개념으로 전개되었다. 그러나 새로운 생애주기에서는 일이라는 가치를 우선하여, 정년제는 폐지되어야 하고, 은퇴라는 개념은 사라져야 할 것이다. 이에 따라 은퇴 시기에 재충전과 재교육이 필요하며, 건강은 필수가 되면서 일은 계속되어야 한다. 따라서 새로운 생애주기에 맞춰 인생 목표를 재설정하여 아름다운 황혼을 맞이하는 것이 중요하다.

여기서 일이라는 개념을 명확하게 정리할 필요가 있다. 일을 노동이라는 경제적인 활동과 이에 더해서 취미, 봉사, 종교활동과 같은 다양한 비경제적인 활동이 포함된 개념이라 생각하면 된다.

우리나라 최고의 석학 중 한 분인 김형석 교수는 2024년 춘추가 105세로 아직도 건강하며 왕성하게 활동하고 있다. "내 생애 최고의 전성기는 65세 은퇴 후에 90세까지"였으며, 현직에 있을 때는 업무에 쫓겨서 하고 싶은 일은 할 수가 없었다. 그러나 현직에서 은퇴하게 되면서 하고 싶은 일을 마음껏 즐기며, 만족한 삶을 살아가고 있다는 것이다. 일반적으로 60세가 되면 은퇴 후 쉬는 경우가 대부분인데, 남들이 쉬는 시기가 가장 즐겁고 행복한 시기였다고 하니 상상하기가 어렵다.

선생은 노년의 행복에 대해서 "행복해지려면 꼭, 필요한 조건은 만족입니다. 돈이나 권력, 혹은 명예를 좇는 사람은 솔직히 거기에서 행복을 찾기는 어렵습니다. 만족이 없기 때문입니다. 따라서 만족을 알아야 하며, 이기심을 버리고, 마음의 그릇을 넓혀 가치 있는 노년의 삶을 산다면 행복해집니다. 또한, 일의 가치를 알아야 하며, 그 가치를 알았을 때, 하고 싶은 일을 지속할 수 있으며, 건강도 좋아지면서 삶의 질과 의욕이 향상되고, 아름다운 황혼을 즐길 수 있습니다."라고 강조했다.

해리 리버먼은 미국인으로 29세에 단돈 6달러를 가지고 폴란드에서 미국으로 이주하여 성공한 사람이다. 77세 은퇴 후, 81세에 그림을 그리기 시작. 101세에 스물두 번째 개인전을 열었고, 103세에 세상을 떠났다. 101세 마지막 개인전이 열렸을 때, 그는 전시장에서 꼿꼿이 서서 찾아오는 손님을 맞이하고 있었다.

그는 아흔 살, 이 나이는 아직 인생의 말년이 아니라고 생각합니다. 몇 년을 더 살지 생각하지 말고, 내가 여전히 일을 더 할 수 있을지 생각해 봐야 합니다. 무언가 할 일이 있다는 것, 그것이 곧 삶입니다. 건강하고 우아하게 늙고 싶은 것이 모두의 바람일 것입니다.

우아하게 늙게 하는 다섯 가지 묘약, 즉 사랑, 여유, 용서, 아량, 부드러운 마음이 있습니다. 인생에는 연장전은 없으며, 하루하루가 처음이고, 또 끝입니다. 오늘 최선을 다해야 하는 이유가 여기 있습니다. 이제 얼마 남지 않은 종착역을 앞두고, 독약도 피해야겠고, 묘약도 챙겨야 하겠지만, 그래도 무엇보다 더 중요한 것은 건강과 일입니다. 마음에 녹이 슬지 않도록 노력하며 사는 일이 장수의 비결입니다."라고 말하면서 일과 건강을 강조했다.

나는 이 두 분의 생애를 본보기로 삼고자 노력하고 있다. 이들의 공통점은 일과 건강이다. 60대 중반을 넘어선 지금도 한창 일할 나이라 생각하며, 여러 가지 일을 하고 있다. 때론 좋아서 하는 일이 노동이 되고 스트레스를 받을 때도 있지만, 하고 싶은 일을 즐기고 있으며, 건강을 유지하고 있으니 행복한 사람이라 생각한다.

  하루의 햇볕 중 가장 아름답다는 저녁노을을 보며, 다가올 황혼의 모습을 상상해 본다. 늙은 나무가 더 좋은 열매가 맺을 수 있다고 한다. 더 좋은 열매를 맺을 수 있도록 '구구 팔팔 일이 삼사'가 되도록 최선을 다할 것이다.

마음의 샘터

"착한 일을 하는 자는 하늘이 복으로써 보답하고, 악한 일을 하는 자는 하늘이 화로써 갚는다. 선한 일에는 선한 보답이 있고, 악한 일에는 악한 보답이 있다. 선한 일을 하면 백 가지 상서로운 일이 오고, 선하지 못한 일을 하면 백 가지의 재앙이 온다."라는 말은 명심보감에 나오는 공자의 어록이다.

명심보감은 '마음을 맑게 한다.'라는 뜻으로 선악을 분별하게 하고, 하늘의 섭리를 깨닫게 하며, 스스로 반성하게 하여 자신을 되돌아보는 계기가 되는 고언이다.

하늘을 두려워하지 않은 사람은 없다. 하늘은 사람이 저지른 모든 악에 대해서 남김없이 꿰뚫어 보고 분노하고 있다고 한다. 인간은 인간을 속일 수 있지만, 하느님은 속일 수 없기 때문이다.

간디는 "나는 죽음과 같은 고통 속에서도 삶은 끈질기게 이어가고 있으며, 허위 중에도 진리는 존재하고, 어둠 속에서도 광명이 있는 것으로 보아 하느님은 정말 자비심이 깊은 것으로 생각된다. 그러므로 하느님은 삶이요, 진리요, 광명이라 생각한다. 그는 최고의 선인 것이다. 다시 생각해 보자. 하느님은 우리의 마음속에 있다."라고 말하고 있다.

얼마 전 중국 총리를 지낸 분은 "당신이 하는 일은 하느님이 보고 계신다."라고 말한 적이 있어 화제가 되기도 했다.

이와 관련한 『이솝 우화』 한 토막을 소개한다.

"친구의 돈을 관리하고 있던 사람이 그 돈이 탐이 났다. 그는 마침내 친구의 돈을 몽땅 챙기기로 마음을 굳혔다. 얼마 후 친구가 돈을 돌려달라고 했으나, 정색하며 그런 돈을 맡은 적이 없다고 우겼다. 참다못한 친구는 내 돈을 맡은 적이 없다고 하느님께 선서하라고 요구했다. 그러나 그는 차마 선서만은 할 수 없어, 그 길로 뺑소니를 치고 말았다. 성문 앞에 이르렀을 때, 한 절름발이를 만나 길동무를 하기 위해 가는 길을 물었다. 절름발이는 "선서宣誓의 신神이 내 이름이며, 위증하는 자를 처벌하러 가는 중이다."라고 말했다. 가슴이 뜨끔해진 그는 숨 쉴 여유도 없이 되물었다.

"얼마나 있다가 시내로 되돌아옵니까?" 절름발이는 주저 없이 대답했다.

"30년 아니면 40년은 족히 걸리지요."라는 말을 들은 그는 뺑소니치던 발길을 돌려 자기에게 돈을 맡겼던 친구를 찾아갔다. 더 주저할 것 없이 돈을 맡은 바 없다고 엄숙하게 선서했다. 선서가 끝나고 다시 시내로 가던 길에서 절름발이와 맞부딪치게 되었다. 절름발이는 다짜고짜 그를 벼랑에서 떨어뜨리기 위하여 언덕 위로 끌고 올라갔다. 그러자 그는 울먹이며 말했다.

"3, 40년 후에 돌아온다더니, 말이 틀리지 않소?" 그러자 절름발이는 "그렇소, 하지만 누군가가 나에게 거짓말을 했을 때는, 난 그날로 돌아오게 되어 있소."

우리의 일상생활에는 선과 악이 공존하고 있다. 우화처럼 함께 맞물려 있지 않으면 구별할 수 없게 된다. 『구약성서』에는 "아, 너희는 비참하게 되리라. 나쁜 것은 좋다 하고, 좋은 것이 나쁘다고 하는 자, 어둠이 빛이고, 빛이 어둠이라 하는 자, 쓴맛을 달다 하고, 단 것이 쓰다고 한 자들이여"에서 말했듯이 선은 선이기에 악이 필요하고, 악은 또 악이기에 선이 필요하다. 그리하여 그들은 언제나 이처럼 다정하게 함께 어울려 살아간다. 몸과 그림자처럼 항시 동행하고 있다. 이 둘은 결코 따로따로 양립시킬 수 없다는 사실이다. 그러나 명심해야 할 것이 있다. 아무리 둘이 함께 다닌다 해도 선이 결코 악이 될 수 없고, 악이 선이 되는 일은 일어나지 않는다.

불교에서 '인과응보因果應報'라는 말이 있다. 사람은 종교와 관계없이 자신이 저지른 일에 대한 대가는 반드시 받게 되어 있다. 원인이 있으면 결과가 있다. 내가 가지고 있는 마음가짐, 즉 언행이 인因이며, 이것들이 나중에 어떤 연緣을 만나 그에 상응하는 과果를 만드는데 이를 '인연과'라 한다. 우리는 수많은 관계 속에서 살고 있다. 다만 칼만 들지 않았을 뿐 곳곳에 자신을 노리는 적과 살고 있다. 무서운 세상이 아닐 수 없다. 남을 포용하고 사랑하고, 용서하는 마음, 즉 너그러운 마음이 자신을 지키는 방법의 하나다. 내가 누군가를 사랑한다면 그도 나를 사랑할 것이다.

어머니께서는 자식에게 교훈적으로 "콩 심는 곳에 콩이 나고, 팥 심는 곳에 팥 난다."라고 말했다. 당연한 이치가 아닐까? 선을 행하면 상으로 돌아오고, 악을 행하면 벌로 돌아온다는 것을 가르쳐 주고 있다.

유대인이 즐겨 쓰는 격언 중에 '사람이 죽어서 가지고 갈 수 없는 것이 있다. 하나는 돈이며, 또 하나는 가족과 친지와 친구다. 그러나 착한 일만은 가지고 갈 수 있다.'라고 자녀에게 가르치고 있다.

E. 프롬은 그의 저서 『인간의 마음』에 "선은 삶에 이바지하는 것이고, 악은 죽음에 이바지하는 것이다. 선은 삶의 질을 높이고, 서로의

삶을 존중하는 것이다. 그러나 악은 삶을 질식시키고, 옹색하게 하고, 조각나게 할 뿐이다."라고 쓰여 있다.

선을 행하여 받을 수 있는 복은 아름다운 삶에 이바지하는 것이다. 악을 행하여 얻을 수 있는 것은 죽음에 이바지하는 것이다.

따라서 선을 행하려면 부단한 노력이 필요하다. 그 노력이야말로 선을 향한 의지라 생각한다. 그러나 악을 억제하려면 더 큰 노력이 필요하다. 이처럼 동서양 모두 표현은 다르지만, 권선징악勸善懲惡을 강조하고 있다.

내 몸 살려내기 · 2
- 내 몸을 살려낸 명약 -

 건강을 잃어 본 나는 건강과 관련한 거의 전문가 수준이다. 여러 단체에, 건강에 관한 경험담을 강의해 준 적도 있었다. 건강과 관련한 책을 써 보라는 권유도 받았으나, 의사가 아닌 나의 주장은 임상적으로 기록할 수 없는 주관적인 관점으로 일반화할 수 없어서 책으로 기록하기엔 무리가 있어 포기했다.

 한때, 건강이 회복할 수 없을 정도로 몸이 망가져 있었다. 그렇다고 50대 젊은 나이에 삶을 포기할 수 있는 상황은 아니었다. '바르지 못한 생활 습관은 반드시 건강을 잃게 된다'라는 사실을 깨달았다. 생활 습관만 바꿔줘도 건강은 회복된다는 것을 믿고 있다.

'동병상련同病相憐'이란 말이 있다. 즉, '같은 병에 걸린 환자끼리 서로 가엾게 여긴다.'라는 뜻으로, '어려운 처지에 놓여 있는 사람끼리 서로 돕는다.'라는 의미이다.

면역력은 최악으로 떨어져 1년 내내 감기를 달고 살았다. 기력은 떨어져 회복이 더디고, 무엇보다도 만성피로는 일할 수 없을 정도로 어려움이 있었다. 머리는 항시 무겁고 멍한 상태에서 일에 집중할 수 없었을뿐더러 삶의 질과 의욕은 떨어져 있었고, 주위 사람에게 짜증만 내고 있으니 나를 좋아하는 사람은 많지 않았으며, 외톨이가 되어가고 있었다. 지금 생각하니 술이 가장 큰 원인이었다.

살고 싶고, 일하면서 건강해지고 싶었다. 남들과 똑같은 일반적인 삶을 살아가는 모습이 희망이 되었다. 아내와 어린 자식을 위해 건강한 삶을 간절히 원하게 되었다. 이를 위해 생활 습관을 바꾸면서 술을 끊고, 건강을 찾고자 자연으로 돌아가기로 했다. 아내와 주말부부를 하기로 하고, 강원 화천으로 들어가 8년 주말부부 생활을 했다. 아내와 사사건건 부딪치는 일이 없으니, 부부관계도 원만해지는 계기가 되었다. 가정이 안정되니 하는 일마다 잘 풀렸고, 건강도 회복되어 갔다.

건강 회복과 유지를 위해 기본 원칙을 분명하게 정하여 실천한 결과였다. 그것은 몸의 면역력에 의한 자연치유가 될 수 있도록 하는 것이었으며, 그 흔한 건강보조식품에 의존하지 않았다. 주변에서 흔히 구할 수 있는 것이 나의 건강보조식품이며, 명약이 되어 주었다.

급한 성격을 바꿔 스트레스를 없애고, 알코올 장애를 가져온 술을 끊고, 홀로서기에 집중했다. 냉소적인 성격을 바꾸기 위해 겸손하고, 긍정적인 생각을 하고, 밝은 표정으로 웃는 모습을 보이면서, 너그럽게 생활하는 습관이 몸에 배게 했다. 그러다 보니 건강은 저절로 내게 다가왔다.

회복할 수 없을 정도로 망가진 몸은 기적처럼 회복되어 갔다. 쉽지 않은 과정이었지만, 건강을 회복할 수 있었던, 즉 '내 몸을 살려 준 명약' 몇 가지를 공유하고 싶다.

첫 번째 명약은 믿음과 꾸준함이다. '똥물도 약이 된다'라면 믿어야 한다. 인식의 차이인 것 같다. "이 병원과 의사는 나에게 잘 맞는 것 같아. 의사의 말대로 하니 금방 낫더라"라는 말을 자주 듣는다. 이것이 믿음이라고 생각한다. 한번 시작하면 일주일, 한 달, 1년이 걸리더라도 꾸준하게 실천하는 것이다. 병은 하루아침에 생기는 것이 아니다. 몇 년, 몇십 년에 걸쳐서 진행되는 게 병이다. 이런 병을 단시간에 고치려고 하니 더 큰 부작용이 일어나고 더 깊게 진행되는 것은 아닐까? 생각한다. 꾸준하게 치료해야 한다.

두 번째 명약은 식초다. 어느 식초 제조업체의 90세가 넘은 회장에게 건강 유지 비결을 물었더니, "매일 아침 식초를 물에 희석하여 1컵씩 마시고 있으며, 아직도 50대 젊음을 유지하고 있다."라고 말했다.

이처럼 젊음과 건강을 유지하는 원동력이 식초에 있다는 것이다.

식초는 인류의 역사와 함께 다양한 방법으로 식생활에 사용되고 있다. 채소 겉절이, 생선회에도 필요하다. 식중독을 예방하고, 살균소독을 해주기 때문이다. 또한, 우리 몸에 각종 물질의 영양 흡수를 도와주는 것으로 알고 있다. 그만큼 식생활에 밀접한 관계를 맺고 있다.

내가 식초와 인연을 맺기 시작한 것은 2012년 3월 급성 심부전증 치료 후, 회복기인 2012년 8월부터다. 만성피로와 면역력이 떨어져 여름에도 감기를 달고 살았던 시기로 식초를 먹기 시작하면서 기적과 같이 몸에 변화가 오기 시작했다. 초란(식초에 달걀을 숙성시킨 것)을 만들어 아침저녁으로 100cc 정도를 하루도 거르지 않고 먹었다. 10개월이 지나면서 만성피로가 사라졌으며, 감기는 2013년 이후부터 현재까지 앓아본 기억이 없을 정도로 면역력이 좋아졌다. 지금까지 10년 넘게 같은 방법으로 먹고 있으며, 그 효과는 만성피로 회복, 면역력과 체질 개선, 장 건강 회복 등 건강 기초를 다져주었다. 코로나19가 유행하던 시기도 식초 효과를 톡톡히 봤다.

세 번째는 뜨거운 물이다. 자연 의학자 김병수 원장의 『뜨거운 물, 단식의 기적』에서 "몸에 따뜻한 기운을 유지하는 것이 생명을 지키는 비결이고, 몸의 따뜻한 기운이 빠져나가 식어버리면 죽는 것이다. 그래서 사체는 싸늘하다. 몸이 따뜻하면 살고, 차가우면 죽는 것이 자연의 이치다. 그러나 현재의 의학은 몸을 따뜻하게 해 혈액순환이 잘되게 해주면 질병 예방과 치료가 되는데도, 따뜻하게 해줄 생각은 하지 않고 다른 곳에서 원인과 치료 방법을 찾으려고 한다."라고 하면서 몸을 따뜻하게 해줌으로써 병은 낫게 되며 생명을 유지할 수 있다고 강조하고 있다.

내 경우, 11월 영상의 초겨울에도 손끝이 얼 정도로 말초신경까지 혈액순환이 되지 않아 일상생활에 지장을 받고 있었다. 또한, 어깨선을 중심으로 근육이 딱딱하게 굳어 있어 피로를 달고 살았다. 그러던 중 지인에게 아침 식전에 뜨거운 물 500cc를 마셔보라는 권유를 받았다. '밑져야 본전'이라는 심정으로 따라 해 봤다. 첫날부터 엄청난 사실을 확인하게 되었다. 70℃ 정도의 500cc 물을 20분 동안에 걸쳐 마셨다. 그런데 마시는 동안 한증막에서 땀이 쏟아지는 거와 같이 온몸에서 땀이 나는 것이었다. 다음날도 마찬가지였다. 이렇게 1주일이 지나면서 손이 따뜻해지고, 어깨 결림이 사라진 것이다. 뜨거운 물로 1주일 만에 나를 괴롭히던 질환이 치유되고 있었다. 뜨거운 물이 혈액순환을 원활하게 해주는 최고의 명약으로, 지금도 마시기를 계속하고 있다.

네 번째 0.9% 생리식염수다. 소금은 지구상 살아있는 생물체의 생존과 연관되어 있다. 모든 생명체는 소금이 없으면 생존할 수 없다. 태초에 인류의 생명은 소금물에서 자랐고 태어났기 때문이다. 생명이 위태로운 환자에 가장 먼저 하는 응급조치는 0.9% 생리식염수를 주사하는 것이다. 우리 몸의 수분은 0.9%의 소금 농도를 유지하고 있어야 한다. 이 농도가 균형을 잃으면 병으로 진행되며 생명을 잃게 되어 있다. 자료에 의하면 혈액의 염증을 제어하는 것은 0.9% 소금물이며, 부족하면 패혈증이 발생한다고 한다.

나는 역류성 식도염으로 오랫동안 고생했다. 어떤 증상으로 병원을 찾을 때마다 한결같이 역류성 식도염이라는 진단을 받았다. 1주일, 1개월 1년 약을 먹어도 먹을 때뿐이었다. 치료를 포기하다시피 지내다가 한 지인이 0.9% 소금물을 뜨겁게 하여 먹어보라는 것이었다. 이번에도 뜨거운 0.9% 소금물을 마시기 시작했다. 매일 같이 목을 축이듯 250cc를 마시게 되었다. 마찬가지로 1주일이 지나면서부터 변화가 오기 시작했다. 가래와 목구멍의 이물감이 사라지는 것이었다. 1개월이 지나니 그렇게 괴롭히던 역류성 식도염이 치유된 것이다.

다섯 번째는 단식과 호흡이다. 단식은 1년에 1~2회, 5~7일씩 실천하고 있다. 단식은 몸속의 오래된 것은 완전히 비우고 새로운 것으로 채워 넣는다는 개념이다. 우리 몸의 세포는 6개월 주기로 바뀐다고 한다. 이러한 주기에 맞춰서 해주고 있다.

호흡은 여러 가지 방법이 있으며, 나만의 호흡법을 찾아서 하면 된다. 호흡은 몸의 기를 원활하게 순환시켜 주며, 기의 흐름이 좋을수록 혈액순환이 좋아지며, 건강을 유지하면서 생활할 수 있게 된다.

몸이 아프면 병원부터 찾는다. 어떤 일시적인 질환을 치유하는데 가장 빠른 방법이기 때문일 것이다. 그러나 만성질환의 경우는 다르다. 병의 진행은 하루아침에 발생하는 것은 아니다. 오랫동안 진행된 결과물이다.

나는 비싼 대가를 치르지 않고 만성질환을 치유한 경험이 있다. 인식의 변화를 줌으로써 우리 생활 주변에서 쉽게 구할 수 있는 것을 활용한다면 건강하게 살아갈 수 있다고 생각한다.

전원생활과 '니어링 부부' 이야기

"우리의 삶이 특별하다고 생각하지 않습니다. 누구나 자기 삶을 만족스럽게 가꾸려 노력합니다. 다만 생활에 쫓기다 보니 실천하기가 힘들 뿐이지요."

자연은 사람에게 수없이 많은 혜택을 주고 있다. 그러나 그 혜택을 누리지 못한 것이 사실이다. 퇴직 후, 복잡한 도심을 벗어나 한적한 전원생활을 누구나 한 번쯤 가져보는 꿈이다. 그러나 대부분 실패한 예가 더 많다는 것이다. 이유는 전원생활을 낭만적으로 생각한 그때부터가 잘못된 것이다. 많은 것을 투자하여 전원생활을 꿈꾼다면 '스콧, 엘렌 니어링 부부'의 일화를 참고한다면 좋은 결과를 얻을 수 있을 것이다.

미국 위 튼 스쿨의 경제학 박사, 유명 연사로, 저술가로 명성이 높았던 '스콧 니어링'2)은 하루아침에 모든 꿈을 잃게 되었다. 그러나 그는 절망하지 않았다. 아내 '헬렌 니어링'과 함께 한적한 시골을 찾아 새로운 삶을 시작했다. 그리고 명예나 돈을 추구하는 대신 자신들의 생각과 꿈을 묵묵히 실천한 부부다.

니어링 부부가 원한 것은 '평등한 세상, 일하는 사람이 대접받는 세상, 모두가 함께 잘사는 세상'을 꿈꾸었다. '참된 자연 사랑, 참된 인간 사랑'을 실천한 니어링 부부는 스콧은 100세, 헬렌은 91세에 세상을 떠났다. 누구보다도 오래 산 두 사람은 누구보다도 열심히 일했으며, 그 누구보다도 더 행복하고 건강한 삶을 살았다.

아무것도 욕심내지 않았던 니어링 부부는 아무것도 가지고 있지 않았지만, 그들이 남겨 놓은 값진 유산은 수많은 사람에게 새로운 삶을 안겨주었다.

젊은 시절 왕성한 사회생활을 했던 스콧과 헬렌은 갑작스럽게 찾아온 어려움을 극복하기 위해 농부의 길을 선택했다. 시골로 찾아들 무렵 그들에게 남겨진 것은 아무것도 없었다. 하지만 그들은 절망하거나 좌절하는 대신 적극적으로 새로운 삶을 찾아 나섰다. 2, 30년 앞을 바라보며 삶의 목표를 정했고, 이를 실천하기 위해 계획을 세우고 실천

---

2) 실존 인물, 스콧, 헬렌 니어링 부부의 삶을 《조화로운 삶》이란 제목으로 출간되어 소개하고 있다.

했다.

　다른 사람은 수확량을 높이는 데 급급했던 시절, 건강한 먹거리와 환경을 먼저 생각했다. 무엇보다도 자신이 옳다고 생각한 길은 포기하지 않았다. 처음 낯선 그들의 삶은 오해와 질투를 받았다. 그러나 진실을 향한 변함없는 그들의 자세는 차츰 세상을 바꾸기 시작했다. 그리고 농장을 가꾸기 시작한 20년 후 세상은 그들의 삶에 주목하기 시작했다.

　어떻게 다른 사람과 전혀 다른 삶을 살면서 행복하고 성공적인 삶을 살았을까? '이웃 사랑, 환경 사랑, 자연 사랑'으로 이어진 그들의 삶을 찾아본다.

　"당신들, 이걸로 집을 지을 작정이요?" 주변에 쌓여있는 돌무덤을 가리키며 이웃이 묻는다. 스콧은 당연하듯 말한다.

　"그럼요."

　"집을 지어본 적은 있소"

　"없어요. 그렇지만 여러 책을 보면서 지을 생각이요."

　"당신 정신이 있는 거요? 이 황무지에서 농사를 짓고, 돌산 위에 집을 짓겠다고 하지를 않나, 참으로 모를 사람들이야." 뉴욕에 살던 니어링 부부가 버몬트 농장에 자리 잡고 집을 짓기 시작하자 마을 이웃들이 찾아와 걱정스레 부부에게 말했다. 사실 니어링 부부가 농장이라고 말하고 있는 버몬트 농장은 황무지였다.

"저희는 별로 걱정하지 않아요. 집은 10년에 걸쳐 지을 거예요."

"뭐요? 10년?"

"네, 10년이요. 지금 사는 집에서 그럭저럭 살 수 있거든요. 그러니까 10년에 걸쳐 오래오래 살 집을 지을 작정이요"

"그래 농사는 지을 만하오?" 이웃에 사는 한 분이 찾아와 한편으로는 걱정스럽고 한편으로는 한심하다는 표정으로 물었다.

"힘들더군요. 밭에 돌이 너무 많아요. 게다가 날씨가 추워서 흙을 파기도 쉽지 않아요, 많이 도와주세요."

"물론이요, 하지만 이 땅은 농사를 지을 수 없는 땅이요."

"여기의 돌을 모두 골라내면 아마 미국 땅에 만리장성을 쌓을 수 있을 거야"라며 이웃 아주머니 한 분이 돌멩이 하나를 주워 던지며 중얼거렸다.

스콧은 "덕분에 돌집을 짓는 데는 도움이 된답니다." 웃으며 대답했다. 이웃 사람들은 이해할 수 없다는 표정으로 돌아갔다.

부부는 하루에 해야 할 목록을 꼼꼼히 적어 벽에 붙여놓고 실천했다. 벽에는 '해야 할 일, 비 오는 날 해야 할 일, 맑은 날 해야 할 일, 집 짓기 계획' 등 해야 할 목록이 붙어 있었다. 이렇게 시작한 농촌 생활은 말한 대로 집은 11년, 농장은 20년에 완공하였다. <홍당무 글, 세상을 깨운 소박한 자연인 니어링 부부>에서 인용하였으며, 시대적

배경은 제1차 세계대전 이후 미국 사회가 경제적으로 매우 어렵고, 정신적으로 혼란했던 시기였다.

  도시에서 직장 생활하고 퇴직 후, 전원생활을 꿈꾸며 귀농, 귀촌을 계획하기도 한다. 그러나 현실적으로 어려움이 매우 많다. 그나마 농어촌생활을 경험해 본 사람은 귀농 귀촌에 성공하는 확률이 높다. 그러나 아무것도 모르는 상태에서 도전했다가는 얼마 못 가서 포기하기 쉽상이다. 이유는 쉽게 생각하고, 뚜렷한 목표 없이, 짧은 기간에 많은 성과를 이루려는 욕심으로 오래 가지 못하고 포기하는 것이다.

  '우공이산愚公移山'이란 말이 있다. 어리석은 영감이 산을 옮긴다. 라는 뜻으로 어떤 일이든 꾸준하게 열심히 실천하면 반드시 이룰 수 있다는 말이다. 사람 대부분은 무엇을 하든 단시간에 성과를 보려고 애쓴다. 그리고 계획대로 안 되었을 때 쉽게 포기하는 경우가 많다. '니어링 부부'와 '우공이산'의 이야기처럼 어떤 것이든 쉽게 이루어지지 않는다. 전원생활은 낭만적이거나 쉬운 것만은 아니다. 어떤 것이든 대가가 따르기 마련이다.

  강원 평창 흥정계곡에 허브나라가 있다. 이곳은 한 부부가 수십 년에 걸쳐서 완성한 정원이 있다. 계곡에 온갖 아름다운 꽃으로 조성한 정원이다. 거제 외도도 이처럼 꾸며놓은 곳이다. 한 낚시꾼이 외도에 낚시하러 갔다가 섬에 매료되어 다니던 직장을 퇴직하고, 이주하여 오랜 시간 동안 가꾸고 가꿔서 만들어 놓은 곳이다. 섬 전체가 신선이 사는 곳인 듯, 적도의 어느 섬나라에 와 있는 듯한 이국적인 분위기의 아름다운 곳이다. 두 곳 모두 개인 사유지지만, 우리나라 대표적인 관광코스로 지역의 자랑거리가 된 곳이다.

퇴직 후 전원생활을 계획한다면, '니어링 부부 이야기, 평창의 허브나라, 거제 외도'의 예를 참고하는 것이 좋을 것 같다. 짧은 시간에 많은 것을 이루려고 하는 것은 지나친 욕심이라 생각한다. 서두르지 않고 하나하나 실천하면 경제적인 성과도 저절로 따르게 될 것이다.

즐거운 인생을 위한 처방전

인생관까지도 변화시킨 한 권의 책을 소개하면서 조명해 보기로 한다.

'즐거운 인생을 위한 처방전'이란 책으로 미국의 정신신경 심리학자이자 의사인 폴 피어 졸 박사가 저자이다. 이 책을 통해서 현대인의 가장 무서운 질병을 '기쁨 결핍 증후군'이라고 말하면서 모든 병의 근원이며, 현대 새로운 전염병이라 정의하고 있다.

'즐거운 인생을 위한 처방전'에서 처음으로 도입한 개념이다. 폴리네시아3)의 원주민과 10년 동안 생활하면서 2천 년을 이어온 그들의

---

3) 폴리네시아는 태평양의 적도 북쪽의 하와이 제도에서 남동쪽으로는 아파누이, 남서쪽으로는 뉴질랜드에 이르는 띠 모양으로 이루어진 큰 섬과 작은 섬으로 이루어진 곳이다. 그곳은 전통적으로 대양주大洋洲 문화라 부른다.

전통적인 삶과 생활방식을 통해서, 즐거운 인생을 위한 처방을 다섯 가지 원리로 제시하고 있다. 이 책은 '기쁨 결핍 증후군'을 치유하면서 즐거운 삶의 방향을 설명해 주고 있다.

저자는 '기쁨 결핍 증후군', 즉 기쁨이 없는 삶은 현대인의 주요 사망원인으로, 죽음을 앞당기는 데 직간접적으로 큰 영향을 주는 무서운 병이라 강조하고 있다. 이 병은 환자뿐만 아니라, 환자의 가족이나 친지, 사회공동체까지 빠르게 전염시키면서 다른 어떤 병보다 더 무섭게 육체의 면역 체계를 파괴하여 죽음으로 내몰고 있다. 영양실조나 운동 부족, 스트레스의 원인이 아닌, 기쁨과 즐거움이 없는 삶을 살기 때문에 행복에 이르는 길이 막혀버린 것이다.

저자는 불치의 병을 앓은 적이 있었으며, 폴리네시아에 이주하여 원주민의 도움을 받아 3년 만에 완치할 수 있었다. 이후 7년을 원주민과 함께 생활하며 이들의 삶을 연구하게 되었고, '즐거운 인생을 위한 처방전'을 저술하게 되었다. 그는 지구 곳곳을 다니며 강연도 활발하게 진행하였다.

폴리네시아인들은 일상적으로 기쁘고, 건강하고, 즐거운 삶을 추구하는데, 이를 '알로 하' 삶이라 한다. 여기서 '알로'는 함께 나누며 공유하는 것을 뜻하며, '하'는 숨을 뜻한다. 따라서 '알로 하'는 삶의 숨결을 주고받는 것을 의미한다. 일단 한숨을 돌리고, 숨결을 나누어 가짐으로써 마음이 편안해지고, 행복해지며, 건강하게 살 수 있는 삶이 '알로 하'인 것이다.

　이들은 즐거운 삶, 즉 '알로 하'를 위하여, 인내심, 자연과 조화, 호감, 겸손, 친절을 일상생활에서 실천하고 있다.
　인내심은 서두르지 않고 참고 견디는, 사전적 의미로 '큰 숨결'이란 뜻이다. '알로 하'를 실천하는 데 가장 중요한 요소가 되고 있다.
　우리의 속담에 '참을 인忍 셋이면 살인도 피한다.'라는 말이 있다. 주변에서 참지 못해 발생하는 불행한 일들을 일일이 열거하지 않더라도 너무나 많이 일어나고 있다. 인내심이 없는 사람은 생명의 숨결이 없는 사람이라 할 수 있다. 자신의 건강뿐만 아니라, 주변의 살아있는 생명체에 숨결 없는 삶을 강요하는 경우가 많다. 인내심은 어떠한 기쁨이나 어려움에도 참고 견딘다는 의미다. 모든 생명체와 함께 숨결을 유지하고, 관계를 맺어 가며, 행복한 인생을 누릴 수 있는 마음 자세이다.
　조화는 지구의 모든 생명체와 하나가 되어 공존공생共存共生인 것으로, 현재와 과거, 자연 세계와 정신세계가 조화를 이루며 행동하는 것을 말한다. 살아있는 생명체는 지구를 떠나서는 살 수 없다. 지구와 생명체가 조화를 이루지 못하면 생존할 수 없게 된다. 폴리네시아인들은 인류가 살아갈 수 있도록 해주는 지구의 환경을 훼손하지 않고 살아가는 법을 알고 있으며, 이를 실천함으로써 건강하고 행복한 삶을 유지해 가고 있다.

호감은 유연하고 나긋나긋하며 마음 편하다는 뜻을 지닌 말에서 유래한다. 현대인의 주요 사망원인의 하나는 '적의敵意와 분노'라 할 수 있다. 적어도 우리 중 일부는 건강에 심각한 위험을 초래할 정도로 큰 분노와 적의를 가지고 있다는 것이다. 현대인의 역사는 영토와 시간을 확보하고자 끊임없이 경쟁하고 있다. 빼앗아 가는 자를 적이라 단정하면서 이들에게 적의를 가지며 분노하고 있다. 이 분노는 우리의 삶에 매우 치명적인 영향을 준다. 이러한 분노를 줄이는 중요한 요인 중 하나는 용서다. 온화하고 자비롭게 살아가는 폴리네시아인들은 "세 번 용서해야 합니다. 먼저 자신을 용서해야 합니다. 두 번째 적을 용서해야 합니다. 마지막으로 친구를 용서해야 합니다. 용서란 우정을 뜻하고, 그것을 키워나가는 것입니다."라고 서로에 호감을 느끼며 생활하고 있다.

겸손은 잘난체하지 않고 허세를 부리지 않는 것을 의미한다. 즉, 자신의 약한 것을 깨닫고, 자신을 진정시키며, 다른 사람에게 관대하게 대하고, 다른 사람이 더 중요하다고 인식하는 것이다. 폴리네시아인들은 자랑하는 것을 가장 무례하고 실례되는 행동이라 알고 있다. "자랑하는 것은 입을 가리지 않고 기침하는 것과 같습니다. 그것은 고립과 오만이라는 바이러스를 곳곳에 전파해 사람을 약하게 만들어 버립니다." 그들은 오만을 조상과 신에게 모욕하는 그것으로 생각하고 있다.

마지막으로 친절이다. 친절을 베푸는 행위를 가장 가치 있는 행동이라 생각한다. 속담에 '주는 것이 있으면, 반드시 돌아온다.'라는 말이 있다. 친절하게 베풀면 그와 똑같이 돌아온다. 목소리와 태도가 온화하거나, 거칠면 돌아오는 것도 똑같은 방법으로 돌아온다. 친절하게 남들을 돌보는 이타적인 행위는 건강에도 좋은 결과를 가져온다. 남들을 도와주면 강한 면역력이 증대되며, 베푼 시간만큼 운동하는 효과를 달성하게 된다. 그들은 자신을 돕는 최선의 길은 친절을 아낌없이 베푸는 것으로 생각한다.

한숨도 쉴 수 없다면 어떻게 될까? 숨을 쉴 수 없는 상태는 죽음을 의미한다. 60년을 넘게 자의 반 타의 반 쉼 없이 달려왔다. 자신도 모르게 '기쁨 결핍 증후군'에 걸렸을지 모른다. 우리나라의 행복 지수는 OECD 32개국 중 30위라 한다. 남과 자주 비교하는 습성이 강하며, 이들보다 부족하다는 생각이 불행을 자초한 것으로 생각한다. 이러다 보니 기쁨을 찾아볼 수 없으며, 행복도 찾아볼 수 없게 된다.

우리가 기쁨을 함께 나누며 살아야 하는 이유가 여기에 있다. 기쁨이 가져오는 것은 생명을 가져오며, 일상생활에서 즐거움을 느끼게 해주는 균형 잡힌 삶이기 때문이다. 기쁨은 거친 세상을 좀 더 조화 있게 다루고 도울 수 있는 사랑을 가지게 하며, 어떤 감정 상태로부터 배우게 해주는 근성이 되기도 한다.

　서두르지 않고 참고 견디는 인내, 자연을 지배하려 하지 않고 자연과 화합하고 조화를 이루려는 태도, 경쟁하지 않고 공생하려는 협력, 자화자찬하지 않고 몸을 낮추는 겸손함, 적의를 보이지 않고 모든 사람에게 상냥하게 대하는 친절함을 실천하는 삶이 되어야 한다. 이와 같은 삶의 태도가 '기쁨 결핍 증후군'을 치유하는 제일 좋은 방법이리라 생각한다.
　우리가 원하는 것을 소유하면 기쁨이 찾아오는 것이 아니라, 소유하는 것이 부족할 때 찾아오는 일이 진정한 기쁨이요, 행복이 찾아오는 것은 아닐까?

내가 만난 인연

요즘 가장 많이 뜨는 운동이 맨발 걷기 운동이다. 전국적으로 가장 인기 좋은 운동이 된 것이다. 나 또한 2021년 초부터 맨발 걷기 운동을 시작하면서 자연스럽게 많은 사람을 만나고 있다. 그러다 체계적인 운동을 위하여 공부하게 되었고, 그 효과는 상상외로 좋다는 것을 알았다. 효과를 확인하고 싶어 내 몸에 임상적인 체험을 지속하고 있다. 내가 만난 인연을 통하여 효과를 간접적으로 체험하면서 회원과 공유하며 건강을 유지하고 있다.

3년이 지난 지금 많은 변화가 진행되고 있다. 먼저 '원주 맨사모', 즉 맨발 걷기를 사랑하는 사람들의 모임을 결성하여, 리더로 활동하고 있다. 지금까지 참여한 50여 명의 회원과 정보를 공유하고 있으며, 더 많은 사람이 참여하도록 노력하고 있다.

　회원들이 주로 활동하는 공간이 여성 가족 공원과 단구 공원을 연결한 둘레길이다. 거리가 4km 정도로 운동할 수 있는 최적의 환경을 조성하고자, 한 시의원의 도움을 받아 세족 시설, CCTV, 조명등 설치, 흙길을 정리하였다. 3년 전과 비교하면 걷기 환경이 훨씬 좋아졌으며, 운동하고 있는 많은 사람이 만족하고 있다.

　한편으로 건강 도시 원주시를 맨발 걷기의 성지로 만드는 게 꿈이다. 그러려면 시민들의 접근성이 좋은 장소에 흙길을 만들어 주는 것인데, 최적의 장소가 원주천이다. 평상시 많은 시민이 즐겨 찾는 곳으로, 원주천 일부 구간 8km를 흙길로 만들어 달라고 원주시장에 건의하였다. 결과적으로 원주천 개발 종합계획에 반영되어 추진되고 있다.

　맨발 걷기를 시작한 지 벌써 3년이 되었다. 하루 2시간 이상 숲속 길, 원주천, 학교 운동장에서 걷기 운동을 하고 있다. 때와 장소를 가리지 않고 신발을 벗었다. 건강을 유지하려는 분도 있지만, 대부분이 어딘가 건강이 좋지 못한 분이 대부분이다. 걷기 운동을 하면서 많은 분과 대화한 결과 예상외로 50대 중반을 넘긴 분의 70% 이상이 수면 부족을 호소하고 있었다. 이분들은 대부분 지인의 추천으로 맨발 걷기 운동을 시작하게 되었고, 빠르게는 1개월, 3개월 이상 걸었더니 증상이 호전되고 있어 계속 맨발로 걷는다는 것이다.

'무릎 관절이 좋지 않은 분, 족저근막염 환자, 생활습관병을 앓고 계신 분, 암 환자, 뇌졸중 후유증으로 고생하신 분' 등 다양하게 아픈 분들과 정보를 공유하며 인연을 맺어 가고 있다. 맨발 걷기 운동을 하면서 건강을 회복한 사례를, 나를 포함해서 몇 분 소개하고자 한다.

나의 경우 지난 3년 동안 의미 있는 효과를 보고 있다. 물론 진행형이지만, 20여 년을 꾀병 같은 허리통증으로 고생했다. 맨발 걷기 운동을 하루 1시간 이상 꾸준하게 했더니 4개월이 지나면서부터 그렇게 힘들게 했던 허리통증이 사라지고 있음을 느낄 수 있었다. 또 하나는 나를 죽음으로 몰았던 급성 심부전증 후유증으로 부정맥이 찾아와 평생 약으로 살아야 하는 처지가 되었다. 그런데 걷기를 시작해서 15개월 지날 즈음, 심장과 관련된 처방 약을 끊었으며 2년이 지났다. 많은 망설임 끝에 이번 기회에 약을 끊지 않으면 힘들 것 같아서 단호하게 끊어 버렸다. 6개월마다 정기검진을 받고 있는데 모든 수치상으로 아무런 이상을 발견할 수 없는 상태다. 언제, 어떻게 약을 먹을지는 모르겠지만 약물로부터 완전하게 해방되었다. 이외에도 또 다른 효과를 보고 있으니, 나에겐 최고의 명약임이 틀림없는 것 같다.

2023년 추석, 횡성 호수길 가족이 함께하는 나들이에서 70대 초반 남성분을 만났다. 맨발로 걷고 있는 나를 보고 먼저 말을 걸어왔다. 이런저런 이야기 도중에 6개월 시한 판정을 받은 췌장암 말기 환자임을 알게 되었다. 6개월이 지나고, 1년 이상 생존하고 계신 분이다. 맨발 운동을 하면서 암을 치유했다는 사례의 말을 듣고 간접 체험을 했지만 직접 체험한 것은 처음이다. 암 판정 후 18개월 지난 현재, 간에 전이된 암세포는 사라지고 없으며, 췌장에는 흔적만 남아 있는 상태로 더 이상 암세포가 발견되지 않았다고 말했다.

체험담을 들을 기회가 있었다. 동안 항암 치료만 수십 차례, 그러다 보니 체력은 고갈되어 면역력은 완전히 떨어지면서 '식물인간 상태'였다고 한다. 지인으로부터 '땅을 밟고, 흙을 만져보라'라는 권유를 받았고, 실천에 옮기게 되었다. 그렇게 하길 1개월이 지날 즈음 일어설 수 있을 정도의 기력이 돌아왔고, 2개월이 지나니 걸을 수 있을 정도로 체력이 회복되었다. 이후 횡성 호수길 9km를 매일같이 부인과 함께 맨발로 걸었다고 한다.

본인도 분명하게 췌장암을 극복하고 있었던 것은, 항암 치료는 기본이고, 매일 2시간 이상 맨발 걷기와 나을 수 있다는 자기 신념화 등 다섯 가지를 말해 주었다. 그중에도 '맨발 걷기가 가장 큰 효과를 보지 않았나?' 자신하고 있었다.

2022년 7월, 말기 담낭암 3개월 시한부 판정을 받으신 50대 초반의 여성분이 있는데, 나름의 치료법으로 1년을 넘게 살고 계신 분이다. 나의 제안을 받고 8월 1일부터 매일 1시간 정도를 걷고 있다. 걷고

난 후 너무 기분이 좋아졌다고 하면서 동영상을 찍어서 같이 공유하고 있으며, 2년 넘게 생존하고 있다.

2023년 4월, 뇌졸중으로 3년을 고생하고 있는 60대 중반의 여성을 만났다. 유튜브를 보고 맨발 걷기 운동을 시작했으나, 자신할 수 없어 나에게 전화를 해왔다. 처음 만났을 때 모습은 손과 발, 얼굴이 심하게 부어 있는 상태로 제대로 걷지 못했다. 두 시간 정도 대화를 나누면서 확신을 가질 수 있도록 정보를 제공해 드렸다.

매일 아침 한 시간, 저녁 한 시간씩 걸었고, 이 주 정도 걸었더니 부종이 빠지기 시작했다. 불면증이 없어지고, 배설이 원활해지면서 1개월이 지나니 부종이 사라지면서 몸무게가 8kg이 빠졌다. 지금은 남편의 도움을 받으며 함께 운동하고 있다.

수술 후유증으로 하반신 마비증세가 있는 40대 초반의 여성분은 나의 권유를 받고 걷기 시작한 지 2주 만에 마비증세가 없어졌다는 증언을 들었다.

80대 초반의 어르신께서는 허리 수술 후 신경이 손상되어, 다리에 힘이 들어가질 않아 고생하고 계신 분으로 관심이 있어 설명해 드렸더니, 그 자리에서 바로 신발을 벗었으며, 2년째 걷고 있다.

그 외에 4개월 만에 허리 디스크를 치유한 분, 1개월 만에 족저근막

염을 치유한 분 등 의미 있는 치유 경험을 공유하고 있다.

맨발 걷기는 만병을 치유하는 것이 아니다. 그것은 우리 몸이 자연 치유할 수 있도록 최적의 환경을 만들어 주고, 면역력을 회복시켜 병이 치유될 수 있게 하는 것이다. 암, 심혈관 질환, 4대 성인병, 근골격 질환, 코로나19 예방과 치료에도 효능을 보여주고 있다. 걷기를 즐기고 있는 친구들에게 신발을 벗고 걸어보라고 권유하고 있다. 반드시 땅 위를 맨발로 걸어야 하며, 숲길은 우리에게 준 최고의 선물이다.

아름다운 황혼을 위하여
- 사랑하는 아내 숙자에게

어느덧 올해가 결혼 40주년, 강산이 네 번이나 변한다는 긴 세월을 함께 쉼 없이 달려온 것 같아요. 변한 것이 있다면, 그 날씬하고 청순한 모습은 보이질 않고, 60대 중반의 초로初老의 모습이 보일 뿐 안타까운 시절만 흘러가고 있어, 아쉬움이 가득하네요.

두 아이를 낳고, 한 아이를 가슴으로 품어 삼 남매를 잘 키워준 그 은혜와 노고에 진심으로 감사와 존경을 보냅니다.

처음 어머니를 뵙는 날, 어머니께서 숙자에게 했던 말 기억하는지 모르겠소. "참 예쁘구나. 네가 광식이 색시냐? 아가야, 잘 왔다. 하시며 대뜸 하시는 말씀이 그래, 그 몸 가지고 애나 낳고 살겠냐?"라며 근심 어린 마음으로 했던 말, 그 말에 상처받지 않았는지?

군인이라는 쉽지 않은 신분의 남편과 살면서 고생 많이 한 당신이 고맙고, 감사할 뿐이요. 지금도 주민등록 초본을 떼어보면 당신과 함께 살아온 40년 동안 31번의 주소를 옮긴 것 같아요. 그만큼 이사를 많이 했다는 거지요. 혼수품 살림살이는 온전한 것은 하나도 없이 지금은 모두 폐기되었고, 다시 준비하려니 낭비 같아 포기했지요.

유년 시절 은혜는 자기 보따리를 절대 풀지 않았지요. 그 이유를 알았을 때 가슴앓이를 많이 한 기억이 있었소. 은혜가 했던 말 "또 이사 갈 건데 미리 싸 놓는 거라고" 상상도 못 했던 말에 충격을 받았지요. 그 애가 두 아이의 엄마가 되어 있으니 참 세월도 빠르지요.

소령으로 진급하던 날, 진해만이 떠나가도록 둘이 부둥켜안고 울었던 기억을 잊을 수 없어요. 어렵다는 진급을 숙자, 당신의 헌신적인 내조 덕분에 할 수 있었고, 삼십 년이 지난 지금에야 고맙다는 말을 전합니다.

중령 진급을 위해서 최선의 노력을 한 십 년, 한계를 느끼며 울분을 토한 적이 한두 번이 아니었소. 나보다도 형편없어 보이던 이들이 진급하는 모습을 볼 때마다 당신의 괴로워하던 모습도 기억하고 있소. 그러나 우리는 부끄러움 없이 살아온 것이 더없이 자랑스럽게 느껴집니다. 자녀들이 우리의 모습을 보며 커 와서인지 올곧게 사는 모습이 흐뭇할 뿐입니다.

은행에 부하 직원의 연대 보증을 서주고, 종잣돈을 깡그리 날리고도 모자라 보증 대출금까지 갚아야 했던 일로 시작해서 속 끓는 적이 한 두 번이 아니었지만, 잘 참고 견뎌 준 숙자 정말 감사합니다. 전역 후 잘못된 판단으로 사업을 시작했고, 사업이 망하면서 건강, 돈, 명예 등 삶의 모든 걸 잃고 방황하던 남편을 떠나지 않고 자리를 지켜 준 당신을 어떤 말로 표현하면 좋을까요? 진정으로 고맙습니다. 감사합니다.

    결혼 전 청도 운문사에 다녀오면서 불렀던 노래가 생각나는지 모르겠소. 곡명을 정확하게 모르겠으나, 내용이 '언덕 위에 하얀 집 짓고 우리 함께 살자던 그 약속 잊지 말아요'라고 시작된 곡으로 우리 둘의 바람이었고, 지금까지 잊은 적이 없습니다. 반드시 이루어질 것이라 확신하고 있어요.
    큰돈을 가지지 못했어도 우린 부자라고 생각합니다. 부자는 돈이 많은 게 아니라 유무형의 가치 있는 자산을 말하며, 당신의 올곧은 심성, 바르게 성장한 자녀 등은 부자의 필요조건들이지요.
    '언덕 위의 하얀 집'은 당신이 평생을 꿈꿔 온 집으로, 아름다운 황혼을 위해 꼭 그런 집에서 우린 살 겁니다. 조금 늦기는 했지만, 꼭 그렇게 될 거라고 약속합니다.

    2012년 3월 급성 심부전증으로 쓰러진 일은 기억하고 싶지 않겠지요? 삶의 모든 걸 앗아 간 듯했지만, 기적같이 상황은 변하기 시작했지요. 생사를 알 수 없는 상황에서 다시 살 수만 있다면 무엇이라도 다 할 것이라며, 다짐하고 또 다짐했어요.

검사 과정에서 "죽을 수도 있다"라며 서약서를 쓰라는 의사의 말에 당신은 쓰기를 주저주저하면서 글썽이는 눈물을 보였고, 애처롭던 그 모습을 생생하게 기억합니다. 그 모습에 내 심정은 가슴이 미어지고 있었으며, 잘못 살아온 지난 세월을 자책하며, 죄책감에 잠을 이룰 수가 없었어요.

나는 다짐했어요. 앞으로 당신의 눈에서 눈물을 흘리지 않도록 하겠다고. 지금 그 약속을 지키고 있습니다. 당신이 느끼는지 모르겠지만, 항상 최선을 다하고 있다오.

이후, 나는 변하고자 노력했고, 변하면서 진정으로 행복을 찾아가고 있어서 다행입니다. 이기적이고 냉소적인 성격에서 이타적이며 너그러운 성격으로 변해가고 있는데 계속 진행형입니다. 한편으로 이기적이며, 냉소적인 성격 때문에 마음고생 많이 한 당신을 생각하면 미안하고 죄스러울 뿐이요. 늦었지만 다시 시작하는 마음으로 속죄하며 살겠습니다.

얼마 전 한 돈의 금반지에 행복해하는 당신의 기뻐하는 모습을 봤을 때, 왜 좀 더 일찍 조그마한 선물을 생각하지 못했는지? 작은 선물에 좋아하며 순박하게 웃음을 준 당신은 천사 같았습니다. 큰 것만 선물이라 생각한 내가 어리석었지요. 항시 조그만 일에도 감사하며 살겠습니다.

장교라는 신분이 외국 여행이 어려운지만 알았지요. 그 핑계를 대며, 외국 여행이 딱 두 번뿐으로 아주 섭섭했을 거로 생각합니다. 칠십 전에 세계 일주 유람선 여행과 시베리아횡단 철도여행은 꼭 같이하고 싶어요.

우리도 60대 중년을 넘어, 70을 바라보고 있습니다. 100세 시대, 건강수명 20년으로 계산하면 85세, 90세까지는 하고 싶은 일 하면서 살고 싶어요. 그렇게 하다 보면 100살까지 이상 없을 것 같아요. 우리가 하고 싶은 대로 하면서 살아갑시다.

걱정했던 큰아들 용호는 예쁘고 성실한 배필을 만나 가정을 꾸렸고, 가슴으로 안은 아들 형언이가 문제지만, 조금만 보살펴 준다면 키운 보람을 얻을 수 있는 아들이 되리라 자신하고 있어요.

우리의 아름다운 황혼은 숙자가 원하는 '언덕 위의 하얀 집'인 조그만 전원주택에서 행복하게 살아갈 수 있도록 약속합니다. 당신이 원하는 섬살이는 행복을 찾아가는 매력 있는 일이라 생각합니다. 삶이 지루해질 때면 1년 섬살이는 분명 삶의 활력소가 되지 않을까? 중국요리를 배워서 먹고 싶은 요리를 해서 당신과 나누고자 합니다.

60살부터 인생을 제2 황금기라 합니다. 숙자와 함께하며 제2의 인생 황금기를 보내는 나는 선택받은 행복한 놈이며, 무엇보다도 가슴이 벅차오릅니다. 당신이 하고자 하는 일은 최대한 도와주겠소. 남편 눈치 보지 않고, 이제는 당신이 원하는 삶을 살아갈 수 있도록 노력해 봐요.

큰 약속은 하지 않겠소. 조그만 약속이 더 행복해지고 즐거운 삶이 된다는 것과, 소소한 일상에서 행복과 즐거움이 있다는 것을 알았습니다. 이것이 아름다운 황혼의 삶입니다. 그지없는 내 사랑 숙자에게 존경을 보내며, 항시 감사합니다.

2023년 8월 어느 날 남편 최광식 드립니다.

┃마음을 맑게 하는 지혜 · 4┃

과거는 미래의 거울이다

[원문] 欲知未來, 先察已然

욕지미래   선찰이연

[한자 뜻풀이] 欲 하고자 할 욕, 察 살필 찰

[해설] 미래를 알고 싶다면 지나온 과거 일을 살펴보면 알 수 있다.

미래는 항상 과거 속에서 존재한다.

암울했거나 화려했던 그 과거 속에서 미래는 언제나 새로운 둥지를 틀고 기다리고 있다.

실패도 마찬가지다. 실패가 없는 인생은 존재하지 않는다. 실패를 극복하며 성공에 이르는 것이 인생이다.

미래를 생각하며 괴로워할 필요가 없듯이 지난 과거에 붙잡혀 아까운 사간을 소비할 필요는 없다.

인생은 끝없는 고난의 연속이며, 이는 불완전 상태로 머물러 있기 때문일 것이다. 언제나 완전을 지향하지만, 불완전한 영역에서는 벗어날 수는 없기 때문이다. 그래서 실패는 인생의 한 부분일 수밖에 없다.

과거의 실패는 절망을 만든다. 하지만 절망은 인생의 희망을 꺾는 것이 아니라, 다만 성공이 쉽지 않다는 사실이다. 그 실패를 거울삼아 성공의 길로 가야 한다.

항시 오늘이 문제이다. 오늘을 어떻게 살 것인가가 궁금해 지난 일을 뒤돌아보는 것도 쓸모가 없는 일이다.

다시 생각해 보면 과거와 미래, 실패와 성공 그 어느 것도 오늘에 뿌리를 두지 않은 것이 없다.

오늘의 삶을 새김질하며 살아가다 보면 후회스러운 과거와 반갑지 않은 미래는 만나지 않을 것이다.

과거를 되돌아본다는 것은 자기 내면을 본다는 것이다. 다가올 미래 역시 마찬가지다. 더 확실한 자기 자신은 오늘에 있다.

오늘을 성실하게 살아가는 것만이 완전한 자기 모습이 되는 것이다.

5부 다른 이야기

"봉사는 아름다운 삶을 완성해 가는 과정"

부록: '심신 자기 조절, 자율 훈련'

"봉사는 아름다운 삶을 완성해 가는 과정"

최광식(휴먼 네트워킹연구소) 소장의 일과는 봉사로 시작된다.

오전 10시, 12년째 인연을 맺고 있는 원주시 단구동 '사랑 나눔 짜장' 무료 급식소로 향했다. 그늘지고 긴 겨울을 지내야 하는 저소득층의 쉼터다. 최 소장은 "사회 곳곳에 숨은 봉사자들이 많다. 가진 것이 많고 배움이 많다고 봉사하는 것은 아니다."라며 "'사랑 나눔 짜장' 급식소를 운영하는 김영문 씨의 경우, 본인도 장애를 가져 어려움이 있어도, 소신을 잃지 않고 20년 동안 짜장면 봉사를 해왔다. 가난하고 장애가 있어 더 어려운 이들의 고통에 공감하는 사람."이라고 했다. 최 소장은 이곳에서 배식과 노인들의 말벗 봉사를 담당하고 있다. 상담과 놀이로 외로운 이들에게 위로를 주고 친구가 되어 준다. 그는 "급식소를 이용하는 사람들은 배고픔보다 외로움이 더 힘겨운 사람들이다. 함께 밥 먹고 얘기하면서 자신의 존재감을 느낀다."라고 말한다. "63세 홀로 사는 한 분에게 말벗을 해주고 있다. 이분은 나이가 적어 복지혜택에서 소외된 사람이다. 신체적, 경제적 어려움으로 자립할 수 없는 복지 사각지대 주민이다. 이러한 사회적 약자를 발굴하고 돌보고 함께 살아가야 한다."라고 했다.

최 소장은 2004년 예비역 소령으로 전역할 때까지 전국을 다니며 근무했다. "살아 본 곳 중 경남 진해가 마음에 들어 전역 후 그곳에 살고 싶었다." 최 소장의 바람과 달리 아이들은 원주에 살기를 원했다. "애들한테는 원주가 고향이나 다름없다. 98년부터 6년 동안 중고교를 이곳에서 다녔으니 친구들이 있는 곳이 고향 아니겠는가?" 24년간 군 생활을 뒤로하고 원주에 정착했다. 그는 2016년 방송통신대에 편입해 가정 복지학을 전공했다. 돌봄과 봉사를 위한 과정이었다. 그는 학업 중 노인 심리, 가족 심리, 부부 등에 관한 상담사 자격증을 취득했다. "커뮤니티 케어는 돌봄이 필요한 사람들이 지역 사회로부터 보건, 복지서비스를 제공하는 시스템이다. 특히 행정력이 못 미치는 사각지대의 이웃에 관심을 두고 그들의 삶을 변화시키는 데 노력해야 한다."라고 강조하고 있다. 그에게 자격증은 봉사하기 위한 하나의 조건이다. 다양한 봉사 현장에서 배움을 실천하고 있다. "휴면 네트워킹은 인성과 심리상담, 인생 진로 설계와 관계의 문제를 다루며, 사회 약자에게는 무료 상담을 해주며, 배움으로 봉사할 수 있어 감사하다."라고 말한다.

최 소장 내외는 가정환경이 불우한 조카를 자식 삼았다. 백일이 지났을 때 데리고 와 자식처럼 키웠다. 성장 과정에 어려운 일이 많았다. 5세까지 최 소장 내외의 보살핌으로 탈 없이 자랐으나 친부모에게 간 지 7년 만에 상처투성이로 돌아왔다. 아이는 학대와 폭력으로 씻을 수 없는 상처를 받았다. 분노조절 장애와 피해망상, 트라우마로 극심한 고통을 받았다. 최 소장은 "우리 부부는 막내에게 안식처다. 아이를 향한 믿음과 지지, 주변 사람들의 도움으로 제 길을 찾았다."라며 "조카는 가슴으로 낳은 자식이다. 어려운 과정들을 겪으며 조카도 우리도 함께 성장했다."라고 했다. '호적을 옮기고 싶다'라는 조카의 말 한마디에 오랜 시간의 고통이 눈 녹듯 사라졌다.

최 소장 내외는 오래전부터 아프리카 아동과 불우이웃을 후원해 왔다. "아내는 독실한 기독교 신자다. 5세부터 후원한 중앙아프리카 아이가 17세가 됐다. 성장해 독립할 때까지 후원할 계획이다." 최 소장은 밥상공동체 도시락 배달, 아동 지킴이, 여기에 주말마다 초등학교 당직으로 눈코 뜰 새 없이 바쁜 시간을 보내고 있다. 그의 한 주일은 월화수목금금금이다. 6개월 전 최 소장은 봉사직 하나를 더 맡아 관공서 출입이 잦아졌다. 통장은 마을 일을 도맡고 이웃을 살피는 일이다. 그는 봉사하고 이웃과 함께하는 삶을 '아름다운 삶'이라고 했다. 촘촘하게 짜 놓은 봉사 일정은 그 아름다운 삶을 완성해 가는 과정이다. 기쁜 마음으로 이웃 사랑을 실천하는 최 소장에게 감사한다.

(전경해 기자)

부록: 심신 자기 조절, 자율 훈련

병원, 약 없이 평생 건강을 지키는
심신 자기 조절법
자율훈련법(Auto genic Training) 실시 방법

〈자율훈련법(AT)의 이해〉

자율신경계는 대항 작용으로 서로 평형을 유지하는 교감신경과 부교감신경으로 이루어져 있다. 자율신경계는 대뇌의 조절 없이도 독자적으로 작용할 수 있으며, 운동 신경으로 되어 있고, 신체 전체에 광범위하게 퍼져 있다. 자율신경계의 중추는 간뇌, 연수, 척수이고, 말단에 각종 장기와 혈관이 분포되어 있다.

교감신경은 위험에 대처하는 반응으로 동공 확장, 심장 박동 촉진,

혈압 상승 등 작용으로 외부 자극에 민감해진다. 부교감신경은 이와 반대로 휴식을 취하고, 긴장을 푸는 반응으로 동공 수축, 심장 박동 완화, 혈관 이완, 소화 기관 자극 등 조절 작용을 한다.

교감신경과 부교감신경은 균형과 조화를 이루며, 우리 몸을 건강하게 유지하고 있다. 그러나 이들의 균형과 조화가 깨지게 되면 병으로 진행되고 있다.

자율훈련은 교감신경과 부교감신경의 균형과 조화를 유지해 주는 훈련법으로 건강을 유지하는 데 도움을 준다.

몸과 마음이 따뜻하고 유연하면 무병장수하고, 몸이 냉하고 경직되면 병이 생기기 쉽다.

건강 3대 요소는 심신 조절을 통한 마음 관리, 균형 잡힌 섭생, 자신의 체질에 맞는 운동이다. 건강 3대 요소 중에 심신 조절을 통한 스트레스 해소, 마음(신경) 안정, 신경증 치유에 적합한 건강법이 자율훈련법(AT)이다. 자율훈련법은 남녀노소 누구라도 어디서나 쉽게 간단히 실시할 수 있도록 과학적으로 체계화시킨 자기 조절 건강법이다. 또한, 잠재 능력개발을 활성화하는 훈련법이다. 특히 심신의 긴장, 불안, 불면증, 자율신경실조 등 신경증이나 신경증을 극복하는 데에 효과가 있다. 또한, 정신 집중, 명상법으로도 탁월한 효과를 준다.

자율훈련법은 반복적인 스트레스나 감정 억압, 과로 등에 의해 오랫동안 굳어지고 긴장된 몸의 근육을 반복적인 자기암시 훈련을 통해 근육을 이완시켜 주고, 혈액순환을 원활하게 하여 심신 건강을 유지해 준다.

〈자율훈련법(AT)의 목적〉

자율훈련법의 근본 목적은 인간 본래의 건강 상태로 되돌리는 것이다. 스트레스, 무절제한 일상생활 속에서 마음과 몸이 흐트러진 건강 상태를 본래의 자연 건강 상태로 환원한다.

자율훈련법은 도장道場이나 도복도 필요 없고, 어디서나 실시할 수 있다. 아침, 저녁 5분씩만 실시해도 효과가 나타나는 요술 같은 '즉석 명상법'이다.

자율훈련법을 한 번만 몸에 체득해 두면 일생 활용할 수 있다.

〈자율훈련법(AT) 시행〉

자율훈련법은 6단계의 훈련으로 근육 이완, 혈류촉진, 심장 조정, 호흡조절, 복부 온감, 두뇌 훈련으로 구분한다. 기초단계인 팔다리의 근육 이완, 1단계 혈류촉진인 "중감 훈련", 2단계 "온감 훈련"만 실시해도 심신 안정, 건강한 심신 상태가 자연히 이루어지게 된다.

1. 자율훈련 1단계: "팔다리가 무겁다." (중감 훈련)

팔과 다리의 힘을 빼는 연습이다. 팔, 다리에 근육이 이완되어 몸에 긴장을 푸는 훈련이다. 매일 아침, 저녁 꾸준히 하면 일주일 정도면 중감(무거운 느낌)이 생긴다. 이 중감 연습을 반복해서 하면, 근육과 팔다리의 혈관을 이완시켜 혈액순환을 원활하게 해준다.

2. 자율훈련 2단계: "팔다리가 따뜻하다." (온감 훈련)

근육이 이완되어 근육 속에 있는 혈관이 확장되어 따뜻한 혈액이 잘 돌고 있다는, 이미지 상상을 하면서 한다. 이 공식 훈련이 잘되면 느낌만이 아니라 실제 피부 온도가 올라가기도 한다.

훈련은 특별한 장소가 필요 없다. 집, 학교, 회사 때에 따라서는 야외野外에서도 할 수 있다. 10분 정도 앉거나 누워서 조용히 있을 수 있는 장소면 아무 곳이나 가능하다. 다만 처음 연습할 때는 가능한 한 조용한 장소를 택하는 것이 좋다.

연습을 처음 시작할 때는 마음속에 잡념이 없는 태연한 상태로 주의 집중을 계속하기가 곤란하므로 될 수 있는 대로 주위의 신경이 쓰이지 않게 유의할 필요가 있다. 예를 들면 떠드는 소리, 자동차 소리, 문을 여닫는 소리 등 외적 자극을 피하는 것이 좋다. 처음에는 주의(注意)가 산만하여 훈련에 지장이 있겠지만, 계속 진행하다 보면 잘할 수 있게 된다.

편안한 의자(소파)에 앉거나 방에 눕는다. 어느 자세를 취하든 편안하고 편히 할 수 있는 자세가 될 수 있으면 상관없다.

3. 훈련 자세

(1) 누운 자세

위를 보고 눕는 자세가 가장 편한 자세다. 처음 훈련하는 사람에게 가장 좋은 자세다.

먼저 자기에게 알맞은 높이의 베개를 양어깨에 충분히 닿을 정도로 깊이 벤다. 그런 자세면 몸에 힘이 들어가지 않고 편안한 상태가 된다.

다음 양팔을 몸에서 약간 떨어지게 하고 자연스럽게 편다. 양팔의 모양이 너무 곧게 쭉 펴지 말고, 약간 구부정한 상태가 더욱 힘이 빠져 편안한 상태가 된다.

양다리를 어깨너비 정도로 벌린다. 이와 같은 자세를 아무리 취해도 힘이 빠지지 않을 때는 다음과 같은 보조구를 사용하면 좋다. 즉 팔꿈치와 무릎 밑에 방석이나 낮은 높이의 베개를 고여 관절의 부분이 자연스럽게 해주면 된다.

(2) 앉은 자세

이 자세는 등받이와 팔걸이가 없는 의자 또는 등받이가 있어도 등을 충분히 댈 수 없는 의자의 자세를 말한다. 이 자세는 보통 어느 곳에서나 쉽게 취할 수 있는 자세이다. 의자에 깊이 앉아 양다리를 적당히 벌리고 양팔은 무릎 위에 가볍게 놓거나, 양팔을 옆으로 축 늘어트려도 좋다.

4. 실시 방법

(1) AT 자율훈련 전에 심호흡을 몇 번 하면 이완된 자세 취하기가 쉽다.

팔에 집중하면서 오른팔이 무겁다. 왼팔이 무겁다 상상(자기암시)하면서 서서히 힘을 뺀다. 계속해서 오른 다리, 왼 다리 순서로 자기암시를 하면서 힘을 빼면 팔다리가 축 늘어지는 느낌이 든다. 이런 자세가 '팔다리가 무겁다'라는 훈련이다.

(2) 다음에는 오른 다리, 왼 다리, 양다리가 무겁다, 팔다리 전체가 무겁다. 여기까지 연습이 되면 제1단계 증감 연습이 끝나게 되고 계속해서 제2단계 연습인 '팔다리가 따뜻하다.'라는 온감溫感 연습으로 들어간다.

'팔다리가 무겁다. 중감重感', '팔다리가 따뜻하다. 온감溫感'의 말, 즉 자기암시어自己暗示語을 마음속으로 조용히 반복해서 말하면 된다.

(3) 오른팔, 왼팔, 오른 다리, 왼 다리 순으로 근육 이완과 몸이 따뜻

한 느낌이 들 때까지 훈련이 숙달되면 팔다리를 나누어서 하지 않고 '팔다리가 무겁고 따뜻하다.'라는 암시를 계속해 나간다. 평소에 긴장이 되거나 스트레스가 느껴질 때마다 수시로 조용히 눈을 감고 '팔다리가 무겁고 따뜻하다'라고 심신 조절을 한다. 특히 잠자리에 누웠는데도 잠이 안 올 때 팔다리의 중, 온감 감각 훈련을 하면 숙면할 수 있다.

(4) 팔이 무겁다는 것은 근육의 긴장이 풀린 상태弛緩의 모습을 말하는 것이고, 따뜻하다는 것은 혈관이 확장되어 혈류가 원활하게 이루어지는 심신 조건을 만드는 것이다. 이렇게 자기 자신에게 암시해서 팔다리에 중감重感과 온감溫感을 느끼게 하여 몸이 이완되고 마음이 안정된 심신의 이완, 자율신경의 조화를 이루는 것이 목적이다.

(5) AT 반응이 몸에 습득되면 '마음이 안정되어 있다' '기분이 상쾌하다'라는 안정 공식 언어 암시만으로도 마음이 편안해지고 기분이 전환되는 심신 이완을 느낄 수 있다.

(6) 실시하는 요령은 눕거나 앉아서 편안한 자세를 취하고 '팔다리가 무겁고 따뜻하다'라는 자기암시를 마음속으로 되뇌면서 몸이 이완되고 따뜻해지는 느낌이 든다.

매일 아침 자율훈련을 하고 일어나고, 저녁(잠자리)에서 훈련을 5~10분 정도 하면서 잠드는 습관을 만든다. 낮에도 긴장이 될 때마다 피곤하면 자율훈련을 한다.

〈AT 자율훈련과 암시〉

* 자율훈련법에 대하여 알아보고 싶은 분은 연락을 주시면 설명서와 훈련 암시문(음원)을 보내드립니다.

  문의: 010-3126-1530/010-7942-4264

  눕거나 앉아서 "기분이 안정되어 있다"라고 조용히 마음속으로 2~3번 생각한 후 "팔다리가 무겁고 따뜻하다"라는 자기암시를 천천히 반복해서 2~3분 정도 한다. 몸에 이완이 잘되지 않을 때는 반복적으로 암시를 계속한다.

  아침에 일어날 때, 오늘 하루를 즐겁고 보람이 있게 보내겠다고 생각하면서 "나는 매일 매일 모든 면에서 점점 더 좋아지고 있다!"라는 자기암시를 하고 활기차게 일어난다.

  저녁 잠자리에서 할 때는 오늘 하루를 잘 보냈다고 생각하면서 자율훈련을 하며 잠든다.

최광식 두 번째 수필집

끝나지 않은 청춘의 향기

1판 1쇄 발행 2024년 9월 20일

지은이 | 최광식
펴낸곳 | 열린출판
등록 | 제 307-2019-14호
주소 | 경기도 고양시 덕양구 권율대로 656, 1401호
전화 | 02-6953-0442
팩스 | 02-6455-5795
전자우편 | open2019@daum.net
디자인 | SEED디자인
인쇄 | 삼양프로세스

ⓒ 최광식, 2024
ISBN 979-11-91201-75-8 03810

*책값은 뒤표지에 표시되어 있습니다.
*저자와 협의하여 인지를 생략합니다.

이 수필집은 원주문화재단의 2024 문화예술지원사업으로 발간되었습니다.